지적인
10대를 위한
니체

지적인 10대를 위한 니체

Nietzsche

풍파 없는 항해,
얼마나 단조로운가!
고난이 심할수록
내 가슴은 뛴다

김현태 엮음

레몬북스
lemon books

풍파 없는 항해, 얼마나 단조로운가!
고난이 심할수록 내 가슴은 뛴다.

- 프리드리히 니체(1844 ~1900)

Prologue

고민이
많다는 건
제대로 가고 있다는
것이다!

우리가 살아가는 이 세상은 복잡하고 때로는 이해하기 어려운 일들로 가득 차 있습니다. 우리는 매일 다양한 선택과 도전에 직면하며 때때로 우리 자신이 누구인지, 우리가 진정으로 원하는 것이 무엇인지에 대해 깊이 고민하게 됩니다. 이러한 시기에 역사 속의 위대한 사상가가 남긴 메시지가 우리에게 큰 도움이 될 수 있습니다. 그중에서도 프리드리히 니체는 특히 우리 시대의 10대들에게 많은 영감을 줄 수 있는 인물입니다.

니체는 서구의 전통을 깨고 새로운 가치를 세우고자 했기 때문에 '망치를 든 철학자'라는 별명을 가진 철학자입니다. 그는 단순히 철학자로만 알려져 있지만 문학가, 문화 비평가 그리고 음악가로서의 면모도 지녔습니다. 니체의 사상 중 가장 유명한 것은 아마도 '신은 죽었다'라는 선언일 것입니다. 당시 유럽 사회에서의 신의 역할과 권위의 쇠퇴를 상징하는 말이었습니다. 니체는 이 말을 통해 전통적인 가치 체계와 도덕이 붕괴하고 있음을 선언했습니다. 그 외 그가 남긴 사상과 글은 여전히 전 세계 많은 사람에게 영향을 미치고 있습니다.

니체는 “당신이 깊은 곳에서 무엇을 사랑한다면, 그 사랑은 결코 무해하지 않을 것이다”라고 말했습니다. 이 말은 우리가 진정으로 열정을 가진 것들을 추구하면 그것이 우리 삶에 긍정적인 변화를 가져올 것이라는 믿음을 나타냅니다.

이 책은 여러분이 걸어갈 인생의 길에서 꿈과 목표를 세우고 그것을 향해 나아가며 결국 달성하는 과정에 조금이나마 보탬이 되었으면 하는 마음으로 엮었습니다. 또한 인생이라는 큰 주제 앞에서 깊은 성찰을 했던 니체의 사상을 여러분이 이해할 수 있는 방식으로 재해석하여 여러분의 눈높이에 맞췄습니다. 물론 그 과정에서 필자의 생각과 느낌도 여기저기 녹여냈습니다.

부디 이 책을 읽고 여러분의 인생에 대해 더 깊이 고민하고 자신만의 길을 찾아 나가는 데 필요한 영감과 용기를 얻을 수 있기를 바랍니다. 아울러 이 책이 여러분의 삶의 여정에 소중한 친구가 되어 늘 함께하길 희망합니다.

김현태

Contents

Part 1

목표를 향한 야무진 다짐

Part 2

세상을 보는 유쾌한 지혜

Part 3

사람을 알아가는 따듯한 관계

Part 4

행복을 추구하는 깊은 사색

Part 5

진짜 나를 만나는 농익은 시간

Part 6

삶과 동행하는 폭넓은 배움

Part 7

길 위에서 다시 만나는 깨달음

Part 1

Friedrich Nietzsche

목표를 향한 야무진 다짐

하늘을 나는 법을 알고 싶다면, 먼저 일어서고, 걷고, 오르고, 춤춰야 한다. 바로 나는 법을 배울 수는 없다.

- 프리드리히 니체

살아가는 이유를 아는 사람은 그 어떤 상황도 감내할 수 있다.

- 프리드리히 니체

01

Friedrich Nietzsche

모든 성취는 노력의 결과물이다

옛날 사람들은 어떤 일을 해서 잘되었을 때, 그것이 자기가 열심히 해서 그런 결과가 나온 것이 아니라 마치 하늘에서 선물처럼 주어진 것이라고 생각했어요. 그런데 이 생각이 얼마나 이상한지 아세요? 사람들은 원하는 것을 이루기 위해 여러 가지 방법을 써보고 많은 계획을 세우며 정말 많은 노력을 해요. 그런데도 그 모든 노력의 결과가 결국은 하늘에서 내려온 선물이라고 생각한 거예요.

예를 들어 누군가가 공부를 정말 열심히 해서 시험에서 좋은 점수를 받았다고 생각해 볼까요? 옛날 사람들은 그 학생이 열심히 공부한 결과로 좋은 점수를 받은 것이 아니라 마치 신이 그 학생에게 좋은 점수를 주기로 결정한 것처럼 생각했어요.

하지만 우리는 알고 있죠. 사람들이 무언가를 이루려면 그것을 위해 노력해야 한다는 것을요. 친구들과 함께 놀 때도, 게임을 할 때도 우리가 원하는 것을 얻기 위해서는 뭔가를 해야 해요. 노력 없이는 성공도, 좋은 결과도 얻을 수 없어요.

지금 우리는 옛날 사람들이 생각했던 것과는 다르게 우리가 무언가를 성취하거나 좋은 결과를 얻었을 때, 그것이 우리의 노력 덕분임을 알고 있어요. 우리가 힘을 내서 열심히 해낸 것이지 하늘에서 갑자기 떨어진 선물이 아니라는 거죠.

02

Friedrich Nietzsche

두려움을 극복하는 순간, 위대해진다

우리 인류가 이룩한 수많은 위대한 업적은 과거 우리가 경험했던 두려움들을 극복한 결과라고 할 수 있어요. 예전에는 우리 조상들이 크고 사나운 짐승들로부터의 위협, 낯선 땅과 그곳에 살고 있는 낯선 사람들, 신비로움을 간직한 신화나 전설 속 이야기들 그리고 때로는 밤마다 꿈속에서조차 마주하게 되는 기이하고 무서운 현상들에 대해 깊은 공포를 느꼈어요.

이러한 두려움은 우리의 조상들로 하여금 적극적으로 세상을 탐험하고 새로운 것들을 배우며 더 나은 미래를 만들어 나가는 데 있어서 큰 장애물이 되곤 했죠.

그러나 시간이 흐르면서 우리는 이러한 두려움을 하나씩 극복해 나갔고 그 결과 우리가 오늘날 누리고 있는 많은 혜택과 발전을 이룩할 수 있었어요. 우리는 더 이상 큰 짐승들이나 알지 못하는 사람들, 신에 대한 미스터리 혹은 꿈속에서조차 두려움을 주던 것들에 대해 예전만큼 무서워하지 않게 되었어요. 이러한 두려움을 극복함으로써 우리는 새로운 영토를 개척하고 다양한 문화와 지식을 교류하며 과학적 발견과 기술적 혁신을 이루어내는 등 인류의 역사를 통틀어 보기 드문 성과들을 달성할 수 있었어요.

우리가 과거에 두려워했던 것들을 이제는 더 이상 두려워하지 않게 되면서 우리 인류는 끊임없이 자신의 한계를 넘어서고 더욱 멋진 일들을 해낼 수 있는 가능성을 향해 나아가고 있어요.

현명한 사람이라면
적을 사랑할 뿐만 아니라,
친구도 미워할 수 있어야 한다.

03

Friedrich Nietzsche

내가 누구인지 매일 스스로 질문하자

우리 모두의 마음 깊은 곳에는 더 멋진 사람이 되고 싶은 바람이 있어요. 우리는 더 높은 곳을 향해 노력하고 더 많은 것을 배우고 싶어 하며 더 좋은 일을 하고 싶어 해요. 이런 꿈을 꾸는 것은 정말 멋진 일이에요. 하지만 이렇게 높은 곳을 향해 나아가려고 할 때 내가 누구인지, 나에게 중요한 것이 무엇인지 잊지 않는 것도 중요해요. 자신을 잃어버리지 않고 우리 주변 사람들과 세상을 사랑하면서 목표를 향해 나아간다면 우리는 정말 멋진 삶을 살 수 있어요.

04

Friedrich Nietzsche

겨울에 피는 꽃이 더 아름답다

우리가 왜 아픔을 느끼는지 궁금해한 적이 있나요? 그건 우리가 살아 있기 때문이에요. 살아 있다는 건 정말 멋진 일이지만 때로는 아픔도 함께 오곤 해요. 뛰어놀다가 넘어졌을 때, 친구와 싸울 때, 무언가를 잃어버렸을 때 우리는 아픔을 느껴요.

하지만 이런 아픔이 우리에게 중요한 것을 가르쳐 준다는 걸 알고 있나요? 아픔을 겪을 때마다 우리는 더 강해질 수 있어요. 예를 들어 넘어져서 다쳤을 때 우리는 조심하게 되고, 친구와 싸웠을 때는 어떻게 화해하는지 배울 수 있어요. 그래서 아픔은 우리에게 정말 중요한 교훈을 주는 선생님이라고 할 수 있어요. 또한 아픔을 겪으면서 우리는 삶이 얼마나 소중한지, 우리가 정말 중요하게 생각하는 것이 무엇인지 알게 돼요.

그래서 아픔이 찾아올 때마다 그것을 피하려고만 하지 말고, 그 아픔 속에서 우리가 배울 수 있는 것이 무엇인지 생각해 보는 것이 좋아요. 그렇게 하면 우리는 아픔을 통해 더 강해지고 삶의 진정한 의미를 찾을 수 있어요. 겨울에 피는 꽃이 더 아름다운 것처럼요.

결핍은 강한 도전을 이끌어낸다

우리 안에는 항상 더 많은 것을 원하는 마음이 있어요. 예를 들어 새 장난감을 갖고 싶어 하거나 더 많은 친구를 사귀고 싶어 하고 더 멋진 곳을 가보고 싶어 해요. 이런 마음 때문에 우리는 더 좋은 것들을 만들려고 노력해요.

하지만 이런 마음 때문에 우리는 가끔 슬퍼지기도 해요. 왜냐하면 우리가 원하는 모든 것을 가질 수는 없기 때문이에요. 모든 장난감을 가질 수는 없고 모든 곳을 여행할 수도 없어요. 때로는 우리가 원하는 것을 얻지 못할 때 슬프거나 화가 날 수 있어요.

그렇지만 이런 불만족스러운 마음도 우리에게 중요해요. 왜냐하면 이 마음 덕분에 우리는 더 많은 것을 배우고 더 많은 것을 시도해보고 더 멋진 것들을 만들어 내기 때문이에요. 우리가 더 좋은 세상을 만들기 위해 노력하는 것도 이 마음 덕분이에요.

그래서 우리는 이 마음을 너무 슬퍼하거나 나쁘게만 생각하지 않아도 돼요. 오히려 이 마음을 긍정적으로 생각하고 이 마음이 우리에게 주는 동기를 이용해서 더 좋은 것들을 창조하려고 노력해야 해요. 우리가 원하는 모든 것을 가질 수는 없지만 우리가 노력하고 꿈꾸는 것들을 통해 우리의 삶과 세상을 더 좋게 만들 수 있어요.

06

Friedrich Nietzsche

내면적 갈등은 잘 익어가는 계절이다

우리 모두는 자기 자신을 지키고 싶어 하는 마음이 있어요. 추운 날씨에 따뜻한 옷을 입거나 배가 고프면 음식을 찾는 것처럼요. 이런 마음은 우리가 건강하게 살아가기 위해서 정말 중요해요. 하지만 동시에 우리는 더 큰 꿈을 꾸고 더 멋진 일을 하고 싶어 하기도 해요. 예를 들면 우주 비행사가 되거나 멋진 발명을 하거나 세상을 더 좋게 만드는 큰일을 하는 것처럼요.

이렇게 자신을 지키려는 마음과 더 큰 꿈을 이루고자 하는 마음이 서로 다른 방향으로 끌어당기는 경우가 있어요. 이런 상황을 '내면적 갈등'이라고 해요. 마치 내부에서 작은 싸움이 일어나는 것처럼 느껴질 수 있어요.

친구들과 함께 놀고 싶지만 동시에 시험 공부를 해야 한다면 어떻게 해야 할까요? 친구들과의 시간은 지금 당장 즐겁지만 시험을 잘 보는 것은 나중에 더 좋은 결과를 가져올 수 있어요. 이렇게 서로 다른 두 가지 선택 사이에서 결정해야 할 때 우리는 갈등을 느낄 수 있어요.

인생에서 이런 내면적 갈등을 만나는 것은 매우 자연스러운 일이에요. 중요한 것은 이 갈등을 어떻게 해결하느냐예요. 때때로 우리는 단기적인 즐거움을 포기하고 장기적인 목표를 위해 노력해야 할 때가 있어요. 다른 때에는 우리의 마음을 듣고 지금 이 순간을 즐기는 것이 중요할 수도 있어요.

이 갈등을 해결하는 방법을 찾는 것은 쉽지 않지만 이 과정을 통해 우리는 자신에 대해 더 많이 배우게 돼요. 우리가 무엇을 정말 중요하게 생각하는지 어떤 사람이 되고 싶은지 등을 알게 되죠. 그리고 이런 갈등을 잘 해결하면서 우리는 더 성장할 수 있어요.

그래서 내면의 갈등을 만날 때마다 그것을 나쁜 것으로만 생각하지 않았으면 해요. 오히려 그것은 우리가 더 나은 사람이 되기 위한 중요한 단계일 수 있어요. 갈등을 통해 우리는 더 많이 배우고, 더 멋진 꿈을 향해 나아갈 수 있어요.

07

Friedrich Nietzsche

어려움이 닥쳤을 때 계속 전진하자

인생이라는 것은 마치 커다란 모험 같아요. 이 모험에서 우리는 매일 조금씩 변화하고 성장해 나가죠. 여러분이 처음으로 자전거를 탔을 때를 생각해 보세요. 처음에는 넘어지기도 하고, 균형을 잡기 힘들기도 했어요. 하지만 계속 연습하다 보니 점점 더 잘 탈 수 있게 되었죠. 그리고 어느 날, 여러분은 자유롭게 자전거를 타고 다닐 수 있게 되었어요. 이처럼 처음에는 어려워도, 꾸준히 노력하면 우리는 더 많은 것을 할 수 있게 돼요.

우리가 성장하면서 가끔은 어려운 일을 겪기도 해요. 어쩌면 그 일이 너무 힘들어서 '내가 정말 이걸 할 수 있을까?'라고 스스로에게 물어보게 될 수도 있어요. 하지만 바로 이런 순간들이 우리를 더 강하게 만들어 준답니다. 마치 게임에서 더 높은 레벨로 올라갈 때 더 어려운 도전을 마주치는 것처럼요. 그 도전을 극복했을 때 우리는 더 많은 것을 배우고, 더 강한 사람이 될 수 있어요.

친구와 싸우게 되었을 때 우리는 그 경험을 통해 용서하고 이해하는 법을 배울 수 있어요. 혹은 어려운 문제를 풀 때 우리는 더 많은 지식을 얻고 문제 해결 능력을 키울 수 있죠. 이렇게 우리는 어려움을 겪을 때마다 무언가를 배우고, 그것이 우리를 더 성장하게 만들어요.

그래서 인생에서 어려운 일을 마주쳤을 때 너무 걱정하지 않았으면 해요. 그 어려움이 바로 여러분이 더 멋진 사람이 되기 위한 계단이라고 생각해 보세요. 우리 모두는 시간이 지남에 따라 더 많은 것을 배우고 더 멋진 사람이 될 수 있어요. 그리고 그 과정 속에서 우리는 자신도 몰랐던 새로운 재능을 발견하게 되고 자신의 한계를 넘어서는 진정한 성장을 경험할 수 있답니다. 그러니 어려움이 닥쳤을 때도 포기하지 말고 계속 전진해 나가세요. 여러분 모두가 더 높은 단계로 성장할 수 있다는 걸 믿어요.

단점을 장점으로 바꾸는 재주를 가져라

어떤 사람이 자기가 우아하지 않다는 것을 알고 있어요. 하지만 그는 자신의 이 부분을 다른 방법으로 잘 숨길 줄 알아요. 그는 엄격함, 슬픈 눈빛, 강한 감정과 요구로 자신을 표현해요. 이 모든 것이 그를 특별한 사람으로 만들어 줬어요. 그는 자신의 부족한 점을 계속 생각하면서 그만의 독특한 모습을 만들었답니다.

간단히 말해서 이 사람은 자기가 완벽하지 않다는 것을 알고 있지만 그것을 다른 방식으로 잘 숨기고 단점을 다른 장점으로 바꿔 표현해요. 그래서 그는 자기만의 특별한 모습을 가진 사람이 되었어요.

09

Friedrich Nietzsche

부정적인 감정을 잘 다스려야 한다

많은 사람이 일상 속에서 어려움과 실패에 직면할 때 감정의 폭발을 경험하기도 합니다. 이럴 때 일부는 분노를 표출하는 방식으로 반응하기도 해요. 그들은 큰 소리로 분노를 표현하며 때로는 극단적인 소망을 표하기도 합니다. "세상이 모두 사라졌으면 좋겠어!"라고 말하는 것은 그들의 깊은 절망과 무력감을 드러내는 것이에요.

이와 같은 부정적인 감정의 근본에는 질투와 시기라는 감정이 자리 잡고 있어요. 자신이 원하는 것을 얻지 못하거나 자신의 욕구가 충족되지 않을 때 이러한 감정을 더욱 강하게 느끼곤 해요.

이런 상황에서 사람들은 '내가 원하는 것을 얻을 수 없다면 다른 누구도 행복해져서는 안 된다'는 생각에 사로잡히곤 합니다. 마치 세상에 아무것도 남지 않아 모두가 공평하게 아무것도 가지지 못하는 상황을 바라는 것과 같아요. 이러한 마음가짐은 자신뿐만 아니라 주변 사람들에게도 해로운 영향을 미칠 수 있어요.

결국 이는 개인의 성장과 발전을 저해하며 주변 사람들과의 관계를 악화시킬 수 있어요. 따라서 자신의 부정적인 감정을 인식하고 이를 긍정적으로 전환할 수 있는 방법을 찾는 것이 중요해요. 이를 통해 자신뿐만 아니라 타인과의 관계에서도 긍정적인 변화를 이끌어낼 수 있어요.

어려운 삶이 우리를 강하게 해준다

우리 몸은 마치 우리가 먹는 많은 음식을 소화시키는 위처럼 어려운 일이나 마음이 불편한 일들을 견딜 수 있게 만들어져 있어요. 만약 우리 인생에서 괴로운 일이 전혀 없다면 마치 맛이 없는 음식을 먹는 것처럼 느껴질 거예요.

생각해 보면 때때로 우리가 겪는 어려움이나 고통은 우리에게 중요한 교훈을 주기도 해요. 그리고 그 어려움을 극복했을 때 느끼는 기쁨이나 성취감은 정말로 특별하죠. 만약 우리가 어려움을 겪는 것을 두려워하고 피한다면 우리는 많은 좋은 경험들을 놓칠 거예요.

예를 들어, 처음으로 자전거를 배울 때 넘어지고 다칠까 봐 무서울 수 있어요. 하지만 용기를 내어 계속 연습한다면 결국엔 자전거를 잘 탈 수 있게 되고, 그 기쁨은 정말 크답니다. 이처럼 어려움을 겪고 나서 성공했을 때의 기쁨은 우리에게 너무나 소중해요.

그래서 우리는 어려움이나 고통을 겪을 때 그것을 극복하기 위한 좋은 의지를 가지고 도전해야 해요. 그렇게 할 때 우리는 삶에서 더 많은 기쁨과 성공을 경험할 수 있을 거예요. 우리의 삶은 어려움을 통해 더욱 풍부해지고, 그 과정에서 우리는 더욱 강해질 수 있어요.

우리가 가장 어두운 깊이에서 고통받을 때, 우리는 우리 주변의 모든 것을 더 밝게 비추기 위해 새로운 빛을 만들어 낼 수 있습니다.

잠깐 멈추고 깊게 숨을 쉬자

당신이 정말 피곤하거나 몸이 아픈 날이에요. 그런 날은 아주 작은 일에도 쉽게 화를 낼 수 있어요. 하지만 정말 기분이 좋고 활기찬 날이면 친구가 실수로 당신의 과자를 먹어도 크게 화를 내지 않을 거예요. 그냥 웃어 넘길 수 있어요.

중요한 건 우리가 어떤 상황에서도 마음을 잘 다스리고 다른 사람들에게 친절하게 대하는 거예요. 화를 내고 싶은 마음이 들 때마다 잠깐 멈추고 깊게 숨을 쉬어보세요. 그리고 '이 상황을 좀 더 좋게 만들 수 있는 방법이 무엇일까?' 하고 생각해 보세요.

고독한 시간은 내적 성장의 시간이다

고독해지는 건 언제일까요? 사실 무서움을 잘 타는 사람은 고독이 무엇인지 잘 모른대요. 왜냐하면 무서움을 느낄 때 사람은 주위에 적이 있다고 여기거든요. 그래서 혼자 있는 시간을 가질 여유가 없어요.

하지만 고독이라는 건 사실은 아주 섬세하고 특별한 감정이에요. 고독을 느낀다는 건 주위에 아무도 없어 혼자라고 느낄 때 일어나는 일이지만 이런 시간을 통해서 우리는 스스로를 더 잘 알게 돼요. 고독한 시간이 우리에게 말을 걸어오는 거예요.

예를 들어 우리는 혼자 있을 때 책을 읽거나 생각에 잠기거나 그림을 그리는 등 자신만의 시간을 가질 수 있어요. 이런 시간을 통해 우리는 자신의 마음을 들여다보고 자기 자신과 친구가 될 수 있어요.

그래서 고독이라는 감정은 우리에게 중요해요. 이 감정을 통해 우리는 자기 자신을 더 잘 알아가고 더 성장할 수 있어요. 고독한 시간은 때로는 슬프고 외롭게 느껴질 수 있지만 그 시간을 잘 활용하면 우리 자신에 대해 더 많이 배울 수 있어요.

13

Friedrich Nietzsche

슬픔이 마음을 성장시키는 촉매제다

우리 모두는 같은 나무에서 자란 다양한 잎사귀와 같아요. 우리는 서로 다르지만 한 나무에서 자라고 있는 거예요. 그리고 우리의 마음은 어두운 곳으로 뿌리를 내리고 있어요. 이렇게 어두운 곳으로 뿌리를 내린다는 것은 우리 마음속에는 가끔 슬프고 걱정되고 복잡한 생각들이 있다는 거예요.

그런 생각들이 우리를 힘들게 하기도 해요. 하지만 그런 생각들이 있어서 우리는 더 깊이 생각할 수 있고 더 많은 것을 느낄 수 있어요. 그래서 우리는 더 특별하고 소중한 존재가 되는 거랍니다.

Part 2

Friedrich Nietzsche

세상을 보는 유쾌한 지혜

초인이란 필요한 일을 견디어 나아갈 뿐만 아니라 그 고난을 사랑하는 사람이다.

- 프리드리히 니체

알맞은 정도라면 소유는 인간을 자유롭게 한다.
도를 넘어서면 소유가 주인이 되고 소유하는 자가 노예가 된다.

- 프리드리히 니체

편견의 틀에서 벗어나는 건 어렵다

우리는 동물을 단순히 감정이 없는 생물로 간주하는 경향이 있어요. 우리는 그들이 우리와 같은 방식으로 세상을 경험하고 이해한다고 생각하지 않죠. 하지만 만약 동물들이 우리와 같은 언어로 소통할 수 있다면 그들은 우리의 이러한 생각에 대해 어떤 반응을 보일까요?

상상해 보세요. 어느 날, 동물이 인간의 언어로 말을 하기 시작했다고 합시다. 그리고 그 동물은 이렇게 말했어요. "우리 동물들은 최소한 인간들이 그렇듯 복잡한 편견 때문에 괴로워하지 않습니다."

이는 동물들이 사람들이 가진 복잡한 생각의 부담에서 자유롭다는 것을 의미해요. 이러한 동물의 관점은 우리에게 동물과 인간 사이의 관계 그리고 우리가 어떻게 서로를 인식하고 이해하는지에 대해 깊이 생각해 볼 기회를 제공합니다. 이는 우리가 동물을 단순히 감정이 없는 존재로만 보지 않고 그들의 삶과 경험에 대해 더 깊이 공감하고 이해하려는 시도로 이어질 수 있어요.

오래된 것들은 이야기를 품고 있다

아주 오래된 물건이나 사물은 마치 그 안에 생각하는 힘이 있는 것처럼 느껴져요. 그래서 처음에는 별로 중요하지 않아 보였던 것들도 시간이 지나면서 점점 더 특별해 보이기 시작해요. 이런 이야기를 들으면 처음에는 이해가 안 가거나 조금 이상하게 느껴질 수도 있어요.

예를 들어 우리가 평소에 잘 쓰지 않는 오래된 물건을 발견했다고 해볼게요. 처음에는 그냥 평범한 물건처럼 보이지만 그 물건이 얼마나 오래되었는지 어떤 이야기를 가지고 있는지 알게 되면 갑자기 그 물건이 특별하게 느껴지기 시작해요. 그리고 그 물건에 대한 우리의 생각이나 감정도 바뀌죠.

이렇게 물건이나 사물에 대해 알아갈수록 우리는 그것들이 처음에 생각했던 것보다 훨씬 더 복잡하고 흥미로운 이야기를 가지고 있다는 것을 깨닫게 돼요. 그리고 역사를 공부하는 사람들도 비슷한 일을 해요. 그들은 오래된 이야기나 사건을 조사하면서 처음에는 알지 못했던 새로운 사실들을 발견하곤 해요. 그런 발견들은 가끔 우리가 기대하지 못했던 것들이기도 해서, 우리가 알고 있던 역사에 대한 생각을 바꾸게 만들기도 해요.

역사를 공부하는 것은 마치 보물찾기와 같아요. 처음에는 어디에 무엇이 숨어 있는지 전혀 모르지만 찾아가면서 여러 가지 흥미로운 사실들을 발견하게 되죠. 그리고 그 과정에서 우리는 더 많은 것을 배우고 이해하게 돼요. 그래서 역사는 정말 신기하고 재미있는 공부랍니다.

03

Friedrich Nietzsche

완전히 이해하려면 오랜 시간이 필요하다

거울을 생각해 볼까요? 거울은 우리 모습을 보여주는 신기한 물건이에요. 하지만 만약 우리가 거울 자체, 즉 거울이라는 물건을 자세히 들여다보고 싶다면 어떨까요? 우리는 거울 속에 비친 사물, 예를 들어 우리 자신의 모습이나 거울 앞에 있는 다른 물건들만 볼 수 있어요. 거울 그 자체, 즉 거울의 진짜 모습은 보기 어렵죠. 왜냐하면 거울은 주변의 것들을 반사하기 때문이에요.

이제 한 걸음 더 나아가서 생각해 봅시다. 만약 우리가 거울 앞에 있는 사물을 직접 잡으려고 한다면 어떨까요? 우리 손은 거울 속의 물건에 닿지 않고 거울의 표면에만 닿게 돼요. 그래서 우리는 거울 속의 물건을 직접 잡을 수 없어요. 이것은 마치 우리가 무언가를 이해하려고 할 때 우리가 바로 그것을 완전히 이해하기는 어렵다는 것을 보여줘요.

이 이야기에서 우리가 배울 수 있는 것은, 때로 우리가 세상이나 무언가를 바라볼 때 우리는 그것의 반사된 모습이나 겉모습만 볼 수 있다는 거예요. 그리고 그것을 직접 경험하거나 완전히 이해하기 위해서는 더 많은 노력과 시간이 필요하다는 것이죠.

이것은 우리가 세상을 배우고 이해하는 방법에 대해 중요한 교훈을 줘요. 우리는 때로 어떤 것을 완전히 이해하지 못할 수도 있고 보는 것이 전부가 아니라는 것을 기억해야 해요. 우리가 무언가를 제대로 이해하기 위해서는 그것을 다양한 방법으로 바라보고 질문하고 탐구해야 해요.

이처럼 우리 주변의 세상은 거울처럼 다양한 모습을 반사할 수 있어요. 우리가 그 모습들을 어떻게 바라보고, 어떻게 이해하려고 노력하는지가 중요해요. 그리고 그 과정 속에서 우리는 더 많은 것을 배우고, 성장할 수 있답니다.

04

Friedrich Nietzsche

완벽에 빠진 사람들은 피곤하다

체계를 만드는 사람들을 조심해야 해요. 이런 사람들은 마치 연극을 하는 것처럼 자기들이 만든 체계가 완벽해 보이게 하려고 하죠. 그들은 주변을 둘러보며 약한 점들을 강한 점처럼 보이게 만들려고 시도해요. 이 사람들은 모든 것이 완벽하고 강해 보이기를 원해요. 그래서 자기들도 매우 강하고 완벽한 사람인 것처럼 행동하려고 하죠. 그래서 우리는 이런 사람들을 조심해야 해요.

05

Friedrich Nietzsche

마음은 날씨처럼 수시로 변한다

일을 마치고 몸이 피곤할 때, 사람들은 그날 하루와 자신의 인생에 대해 생각해 보곤 해요. 그런데 이때 대부분의 사람은 조금 우울해지는 경향이 있어요. 하지만 이건 그날 일이나 인생 때문이 아니라 그저 피곤해서 그래요. 바쁘게 일할 때나 재미있게 놀 때는 인생이나 존재에 대해 깊게 생각할 여유가 없어요. 하지만 정말 여유가 생기면 예전에 모든 것이 아름답다고 생각했던 사람들의 생각에 더 이상 동의하지 않게 돼요. 그 사람은 더 좋은 순간들을 경험했기 때문이에요.

간단히 말해, 일을 마치고 몸이 피곤할 때 우리는 슬픈 생각에 잠기기 쉬워요. 하지만 이건 단지 피곤해서 그렇지 일이나 인생 때문이 아니에요. 정말 시간이 많을 때 우리는 모든 것이 아름답다고 느끼지 않을 수도 있어요. 왜냐하면 우리는 더 좋은 순간들을 알고 있기 때문이에요.

우리는 인생이란 섬에서 모험 중이다

우리는 모험을 좋아하고 여행을 많이 하는 새처럼 창조의 바다 한가운데 있는 작은 섬에서 잠깐 눈을 떠요. 우리가 있는 섬은 정말 작아서 배보다도 작아요. 우리는 호기심을 가지고 주변을 둘러봐요. 왜냐하면 갑자기 바람이 불어서 우리를 날려버릴 수도 있고 파도가 섬을 덮쳐서 우리가 더 이상 거기에 있을 수 없게 될지도 모르기 때문이에요!

하지만 이 작은 섬에서, 우리는 다른 여행을 좋아하는 새들을 만나고 그 새들이 겪었던 이야기를 들어요. 그래서 우리는 즐겁게 날갯짓을 하면서 생각하고 추측하는 소중한 시간을 보내요. 우리는 바다만큼이나 대단하다고 느끼면서 마음속 모험을 찾아 해를 향해 날아가요.

07

Friedrich Nietzsche

진짜와 가짜는 마음만이 알고 있다

작가들이 글을 쓰는 방식, 즉 문체는 보통 사람들이 사용하는 방식과 다를 수 있어요. 그들만의 '자연스러움'을 표현하는 거예요. 그들이 '만들어진 것'처럼 느끼는 것을 쓰면 그것이 마음에 들고 믿음직스러워 보일 거예요. 왜냐하면 그건 그들이 대중의 유행이나 일반적으로 '좋다'고 여겨지는 것보다 자신만의 스타일을 선택했기 때문이에요.

간단히 말해서 사람들이 말하거나 쓸 때, 그들만의 특별한 방식이 있어요. 그리고 우리는 그 방식이 진짜인지 아닌지를 듣는 것만으로 판단할 때가 있어요. 하지만 그들만의 방식이 있기 때문에 그것이 진짜인지 아닌지는 그들의 마음과 선택에 달려 있어요.

우리가 가장 어두운 깊이에서 고통받을 때,
우리는 우리 주변의 모든 것을 더 밝게 비추기 위해
새로운 빛을 만들어 낼 수 있다.

08

Friedrich Nietzsche

그 시대 사람들은 다 똑똑하다

예전부터 사람들은 무엇이 좋은 일이고 무엇이 나쁜 일인지, 무엇을 칭찬해야 하고 무엇을 나무라야 하는지 알고 있었어요. 학자들은 모든 시대의 사람들이 이런 것들을 알고 있다고 생각해요. 하지만 지금 우리 시대의 사람들이 예전 사람들보다 이런 것들을 더 잘 안다고 믿는 것은 학자들의 생각이 조금 치우친 것일 수 있어요.

이걸 좀 더 쉽게 설명해 볼게요.

우리는 친구가 다친 친구를 도와주는 걸 보면 '착한 일을 하고 있구나'라고 생각해요. 반대로 누군가를 괴롭히는 걸 보면 '그건 나쁜 행동이야'라고 생각하죠. 이런 것처럼 사람들은 보통 무엇이 좋고 무엇이 나쁜지 알고 있어요. 하지만 어떤 학자들은 오늘날 우리가 예전 사람들보다 이런 것들을 더 잘 안다고 생각해요. 예를 들어 우리가 컴퓨터나 인터넷으로 많은 정보를 얻을 수 있으니까 더 많이 알 수 있다고 믿는 거예요. 하지만 이건 마치 '우리가 책을 더 많이 가지고 있으니 우리가 더 똑똑하다'고 생각하는 것과 비슷해요. 사실은 예전 사람들도 우리만큼 많은 것을 알고 있었어요. 그들도 자신들의 방법으로 세상에 대해 배우고, 무엇이 옳고 그른지 구분할 수 있었거든요.

그래서 학자들이 "우리가 예전 사람들보다 더 잘 안다"고 말할 때 그건 마치 우리 시대가 더 특별하다고 생각하는 것과 같아요. 하지만 사실 모든 시대의 사람들은 자기들 나름대로 세상을 이해하고, 많은 것을 알고 있었어요. 우리가 그들보다 더 많이 안다고 생각하는 것은 조금은 우리의 생각이 치우친 것일 수도 있어요.

09

Friedrich Nietzsche

세상의 방식은 계속 바뀌고 있다

예전에 사람들은 모든 물건이나 생물이 남자인지 여자인지 같은 성별을 가지고 있다고 생각했어요. 이런 생각을 한 건 그냥 장난이 아니었어요. 사람들은 정말로 깊게 생각하고 세상에 대해 더 많이 알고 싶어서 이런 결정을 했어요. 하지만 나중에 그들은 이런 생각이 큰 실수였다는 것을 깨달았어요. 그런데 아직도 완전히 이해하지 못하는 사람들이 있을 수 있어요.

또한 예전에 사람들은 모든 것을 정말 신중하게 생각하려고 했어요. 그리고 모든 것이 중요한 의미를 가지고 있다고 믿었죠. 하지만 나중에 그들은 자신들의 생각이 항상 맞는 건 아니라는 것을 알게 되었어요. 우리가 세상을 이해하는 방법도 계속 변하고 있어요. 예를 들어 오래전에는 태양이 남자인지 여자인지 같은 것이 정말 중요했지만 지금은 그렇지 않아요. 우리가 세상을 바라보는 방식은 시간이 지남에 따라 변할 수 있어요.

이 세상에 간단한 건 없다

마술사가 무대에서 멋진 마술을 보여주면 우리는 정말 놀라워하죠. 그들은 마술을 통해 놀라운 일을 하지만 사실 그 속에는 우리가 모르는 많은 비밀이 숨어 있어요. 마술사는 우리가 볼 수 있는 것만 보게 하면서 우리가 단순하게 생각하도록 만들어요. 그래서 마술이 정말 신기하게 느껴지는 거죠.

하지만 과학은 마술과는 조금 달라요. 과학에서는 우리가 일상에서 보는 것들, 예를 들어 물이 얼거나, 식물이 자라는 것처럼 아주 쉬워 보이는 것들을 연구해요. 처음에는 이런 것들이 정말 간단하고 단순해 보일 수 있어요. 하지만 과학자들이 이런 것들을 더 깊게 연구하면 할수록 실제로는 생각보다 훨씬 더 복잡하고 많은 것들이 서로 연결되어 있다는 걸 알게 돼요.

식물이 자라는 것을 생각해 볼까요? 처음에는 그냥 물과 햇빛이 있으면 식물이 자란다고 생각할 수 있어요. 하지만 실제로는 그 안에는 햇빛을 에너지로 바꾸는 과정, 뿌리가 물과 영양분을 빨아들여 성장하는 등의 복잡한 과정이 숨어 있어요. 과학은 우리가 처음에 간단하게 생각했던 것들이 사실 얼마나 복잡한지를 보여줘요.

그래서 과학은 마술처럼 보이는 것들 뒤에 숨겨진 진실을 밝혀내는 것이에요. 우리가 평소에 보는 것들이 얼마나 많은 비밀을 가지고 있는지 그리고 그것들이 얼마나 놀라운지를 알려주죠. 이렇게 과학은 우리가 세상을 더 깊이 이해하게 도와주는 정말 멋진 방법이랍니다.

11

Friedrich Nietzsche

상상력이 주는 행복은 크다

때때로 만지고 볼 수 있는 실제 물건들 덕에 우리는 행복을 느끼곤 해요. 예를 들어 좋아하는 장난감이나 맛있는 아이스크림 같은 것들이죠. 하지만 또 다른 때에는 우리가 상상 속에서 만든 것들, 즉 우리가 꿈꾸거나 상상하는 이야기나 무언가가 우리를 정말 행복하게 만들기도 해요. 예를 들어 동화 속에 나오는 마법의 세계를 상상하거나 우주 여행을 하는 꿈을 꾸는 것처럼요. 사실 우리가 가장 크게 행복해하거나 슬퍼할 때는 대부분 상상 속에서 만들어진 것들 때문이에요. 우리가 상상력을 사용해서 만들어 낸 이야기나 세계는 우리에게 정말 큰 감정을 주지요. 하지만 우리는 학교에서 배우는 것처럼 과학을 통해 우리가 살고 있는 세상이 얼마나 넓은지, 우리가 어디에 위치해 있는지를 알게 돼요.

예를 들어 과학을 통해 우리는 지구가 우주 속에서 굉장히 작은 곳이라는 것을 배워요. 그리고 태양계가 우주 속에서 차지하는 공간도 정말 작다는 것을 알게 되죠. 이런 지식을 배우면서 우리는 우리가 살고 있는 세계에 대해 더 많이 알게 되고, 그것이 우리의 상상력을 넓혀줍니다. 하지만 동시에 우리가 상상하는 것들이 실제보다 훨씬 더 큰 공간을 차지한다는 것도 깨닫게 돼요.

결국 우리가 실제로 보고 만질 수 있는 것들도 그리고 우리가 상상하는 것들도 모두 우리의 행복에 중요해요. 과학을 통해 우리가 배우는 것들은 우리가 세상을 보는 방식을 바꾸어 주고 우리가 상상할 수 있는 것들의 범위를 넓혀줍니다. 이렇게 우리의 상상력이 커지면서 우리는 더 많은 행복을 느낄 수 있게 되는 거예요.

12

Friedrich Nietzsche

특별하고 다양한 방식으로 살아간다

아주 오래전에 라파엘이라는 사람이 살았어요. 그는 사람을 세 부류로 나누었어요. 첫 번째는 어떻게 해야 할지 모르고 슬퍼하는 사람들이에요. 두 번째는 복잡하고 어려운 꿈을 꾸는 사람들이에요. 세 번째는 기쁨에 빠진 사람들이에요.

하지만 지금 우리는 라파엘처럼 사람들을 그렇게 세 가지로만 나누지 않아요. 왜냐하면 세상은 변했고 사람들도 많이 달라졌기 때문이에요. 만약 라파엘이 지금 우리 세계를 본다면 그도 놀랄 거예요. 왜냐하면 그가 생각했던 것과는 전혀 다른 새로운 모습을 볼 수 있기 때문이죠.

사람들은 이제 더 다양해졌어요. 누군가는 책을 읽으면서 행복해하고 누군가는 음악을 들으면서 기쁨을 느껴요. 또 다른 누군가는 그림을 그리거나 과학 실험을 하면서 즐거워해요. 그래서 우리는 모든 사람이 서로 다르고 각자의 방식으로 행복을 찾는다는 것을 알게 되었어요.

라파엘이 살았던 시절에는 상상할 수 없었던 많은 변화가 있었어요. 만약 그가 지금 우리 세계를 본다면 정말 많이 놀랄 거예요. 그리고 그도 우리처럼 사람들이 얼마나 다양하고 특별한지 알게 될 거예요.

13

Friedrich Nietzsche

새로운 것만큼 옛것도 중요하다

세상에 대해 더 많이 알게 되고 어떤 일이 왜 일어나는지 이유를 잘 이해하게 될 때 우리는 옳고 그름에 대해 생각하는 방식도 바뀌어요. 예를 들어 옛날에는 무슨 일이 일어나면 그냥 운이나 마법 때문이라고 생각했어요. 하지만 지금은 과학을 통해 많은 일들이 왜 일어나는지 알 수 있게 되었죠.

이렇게 세상의 일들이 어떻게 연결되어 있는지, 즉 인과관계를 더 잘 이해하게 되면 우리가 전에 믿었던 옛날이야기나 마법 같은 것들이 사라지기 시작해요. 그리고 우리는 그것들 대신에 진짜 이유를 알게 돼요.

비가 오는 걸 옛날에는 하늘의 신이 우리에게 물을 주는 것이라고 생각했다면, 이제는 구름과 날씨의 변화 때문이라는 것을 알게 되었어요. 이렇게 진짜 이유를 알게 되면 우리는 옛날 사람들이 만들어 놓은 규칙이나 믿음에서 벗어나게 돼요.

하지만 이런 변화 때문에 옛날에 중요하게 여겼던 일부 좋은 규칙이나 생각도 사라지기 시작해요. 그래서 어떤 사람들은 우리가 옳고 그름에 대해 생각하는 방법, 즉 윤리감각을 지키려고 해요. 그들은 우리가 세상을 너무 과학적으로만 보지 않게 하려고 노력해요. 다시 말해서 우리는 옛날 믿음에서 벗어나 새로운 것을 배우지만 그 과정에서 중요한 생각이나 규칙을 잃지 않도록 주의해야 해요.

우리가 세상을 바라보는
방식이 세상을 만든다.
우리의 생각과 믿음이
현실을 형성한다.

사람들마다 추구하는 목표와 욕망이 다르다

힘을 갖고 싶어 하는 사람과 이미 힘을 가진 사람 사이에는 명확한 행동 양상의 차이가 있어요. 이 차이는 그들의 목표와 욕망에서 비롯되죠.

힘을 얻고자 하는 사람은 그 목표를 달성하기 위해 다양한 전략과 방법을 시도해요. 이러한 사람들은 종종 자신이 원하는 것을 얻기 위해 끊임없이 노력하고 실패를 두려워하지 않으며 필요한 경우 자신의 한계를 넘어서려고 애쓰죠.

반면에 이미 힘을 가진 사람들은 자신의 위치와 소유물에 대해 더욱 세심하고 까다로운 취향을 발전시켜요. 이들은 이미 다양한 성취를 이루었기 때문에 단순히 더 많은 것을 얻는 것을 넘어서서 더 질 좋고 의미 있는 것을 추구하죠. 예를 들어 고급 예술 작품을 수집하거나 사회적 영향력을 사용하여 변화를 만들어 내는 등의 활동에 관심을 갖죠. 이러한 사람들은 자신이 이미 가진 힘을 통해 더 큰 가치와 만족을 창출하려고 해요.

두 그룹 모두 자신만의 방식으로 힘을 추구하지만 그들의 행동과 목표에는 뚜렷한 차이가 있답니다.

Part 3

Friedrich Nietzsche

사람을 알아가는 따듯한 관계

창조는 괴로움의 구원인 동시에 삶의 위로이다. 그러나 창조하기 위해서는 그 자신의 괴로움이 따르면서 많은 변화가 요구된다.

- 프리드리히 니체

산다는 것은 고통받는 것이며,

살아남는다는 것은 고통 속에서 의미를 찾는 것이다.

- 프리드리히 니체

01

Friedrich Nietzsche

누군가의 동의와 지지가 기분을 좋게 한다

옛날 사람들은 중요한 결정을 내리기 전에 신의 뜻을 물어보곤 했어요. 신탁이라고 불리는 방법을 통해서 말이죠. 신탁을 받는다는 것은 신이 그들의 결정에 동의한다는 뜻이며, 그 결정은 좋은 결과를 가져올 것이라는 신호로 받아들여졌어요. 그래서 사람들은 신탁을 통해 기분 좋은 결정을 내리고 마음 편히 집으로 돌아갈 수 있었어요.

이 이야기를 조금 더 단순하게 풀어볼게요. 우리가 좋은 결정을 내릴 때 기분이 좋아지는 것은 마치 친구나 가족이 우리의 결정을 지지해 주는 것과 비슷해요. 우리가 어떤 일을 결정할 때 주변 사람들이 "잘했어!", "좋은 생각이야!"라고 말해주면 우리는 그 결정에 더 확신을 갖게 되고 그래서 기분이 좋아져요.

옛날 사람들은 주변 사람들뿐만 아니라 신의 지지도 중요하게 생각했어요. 그들은 신이 자신들의 결정에 동의하고 지지해 준다고 느낄 때 그 결정이 옳은 것이라고 믿었고 그래서 기분이 좋아졌어요. 이렇게 신의 동의를 받는 것이 마치 오늘날 우리가 친구나 가족의 격려를 받는 것과 같은 역할을 했던 거죠.

결국 우리가 기분 좋게 결정을 내리는 이유는 우리의 결정이 옳다고 믿고 그 결정이 우리 자신뿐만 아니라 주변 사람들에게도 긍정적인 영향을 줄 것이라고 생각하기 때문이에요. 그리고 옛날 사람들에게는 신의 동의와 지지도 중요한 부분이었어요. 우리가 누군가의 지지를 받을 때 기분이 좋아지는 것처럼 옛날 사람들도 신의 지지를 받는다고 느낄 때 더 확신을 갖고 기분 좋은 결정을 내렸던 거예요.

강할수록 겸손해야 한다

예전에는 세상과 사람에 대해 좋지 않게 생각하는 분위기가 많았어요. 그런 시대에 사람들은 자신이 강하다고 느낄 때 주로 나쁜 짓을 하려고 했어요. 예를 들어 사냥을 하거나 다른 사람을 괴롭히거나 심지어는 더 나쁜 행동을 할 때도 있었죠. 하지만 사람이 힘이 없어지고 몸이 아프거나 마음이 우울해지면 더 이상 나쁜 짓을 하고 싶지 않아져요.

그래서 그런 때가 되면 사람들은 좀 더 나은 사람, 즉 다른 사람에게 해를 덜 끼치는 사람이 되기도 해요. 이렇게 사람의 기분이나 상황에 따라 행동이 달라질 수 있다는 걸 알 수 있어요.

03

Friedrich Nietzsche

사랑을 통해 우리는 성장한다

우리가 진짜 좋아하는 사람들 때문에 가끔 마음이 아프고 힘들 수 있어요. 사랑은 마치 롤러코스터와 같아서 우리를 위로 올리기도 하고 아래로 떨어뜨리기도 해요. 하지만 이런 모든 일을 겪으면서 우리는 더 강해지고 우리 자신에 대해 더 많이 알게 돼요. 사랑은 어렵기도 하지만 우리 삶에서 정말 중요한 부분이에요. 사랑이 있기 때문에 우리는 행복할 수 있고 더 좋은 사람이 될 수 있어요.

당신이 깊이 사랑하지 않는다면, 당신은 진정으로
살아본 적이 없는 것이다. 사랑은 삶의 본질이며,
그것 없는 삶은 빈껍데기에 불과하다.

04

Friedrich Nietzsche

서로의 부족함을 채워줘야 진짜 친구다

진짜 친구가 무엇인지 알고 있나요? 진짜 친구는 우리가 완벽하지 않아도 우리를 좋아해 주는 사람이에요. 우리 모두에게는 잘하는 것도 있고 조금 못하는 것도 있어요. 누군가는 그림을 잘 그리지만 수학 문제를 풀기는 어려워할 수 있어요. 또 다른 친구는 달리기는 정말 잘하지만 책을 읽는 것은 조금 느릴 수 있어요.

우리가 완벽해야 한다고 생각하는 것은 사실 별로 중요하지 않아요. 왜냐하면 모든 사람은 완벽하지 않으니까요. 오히려 우리가 서로의 잘못이나 부족한 점을 이해하고 받아들일 때 우리는 더 친해질 수 있어요. 친구가 실수할 때, "괜찮아, 다음번에는 더 잘할 수 있어!"라고 말해주는 것처럼 말이에요.

진정한 친구는 우리가 실수했을 때도, 우리가 완벽하지 않을 때도 우리를 사랑해 줘요. 그리고 우리도 친구의 결함을 보고 그것을 사랑할 수 있어요. 이렇게 서로를 이해하고 받아들이면서 우리의 관계는 더 깊고 의미 있는 것이 돼요.

진짜 친구는 우리가 완벽하게 보이려고 애쓸 필요가 없는 사람이에요. 우리가 그냥 우리 자신일 때도 우리를 그 자체로 좋아해 주는 사람이죠. 우리의 결함을 통해 우리는 서로를 더 잘 이해할 수 있고 그것을 통해 서로를 더 깊게 사랑할 수 있어요.

인생의 가장 큰 즐거움 중 하나는
우리가 할 수 없다고 생각했던 일을 해내는 것이다.
우리의 한계를 넘어서는 것이야말로 진정한 성취다.

사랑의 마음으로 타인을 이해해야 한다

사람들이 다른 사람을 이해하려고 할 때 무서움과 사랑이라는 두 가지 감정이 중요한 역할을 해요. 무서움은 우리가 다른 사람이 누구인지, 무엇을 할 수 있는지, 무엇을 원하는지 궁금해하게 만들어요. 만약 우리가 이것을 잘못 생각하면 위험하거나 좋지 않은 일이 생길 수 있어요.

반대로 사랑은 우리가 다른 사람에게 좋은 점을 많이 찾아보고 싶게 만들어요. 우리는 그 사람을 더 좋게 보려고 하고, 그를 더 좋은 사람으로 만들고 싶어 해요. 사랑에서는 잘못 생각하는 것이 문제가 되지 않아요. 오히려 그것이 기쁨이 되고 좋은 일이 될 수 있어요. 그래서 사랑이란, 잘못을 발견해도 괜찮아지는 마음이에요.

간단히 말해서 무서움은 우리를 조심하게 만들고 사랑은 우리가 다른 사람에게 좋은 것을 더 많이 바라보게 해요. 무서움 때문에 우리는 주의 깊게 생각하지만, 사랑은 우리가 잘못을 발견해도 그 사람을 더 좋게 이해하도록 해요.

06

Friedrich Nietzsche

사람을 움직이는 힘은 모두 마음이다

사람이 기분이 좋고 즐겁게 행동하는 모든 것을 우리는 그 사람의 '마음'이라고 부릅니다. 마음은 사람이 느끼는 모든 좋은 생각이나 감정을 말해요. 만약 어떤 사람이 일을 하면서 힘들고 어렵다고만 느끼고 즐거움을 찾지 못한다면 사람들은 그 사람이 마음이 없다고 생각해요.

간단히 말해서 사람이 행복하고 즐겁게 일을 할 때 그건 그 사람의 마음이 작동하고 있다는 뜻이에요. 하지만 누군가가 일을 하면서 기쁨을 느끼지 못하고 어렵기만 하다면 그 사람은 마음이 없는 것처럼 보여요.

사랑은 아픔만큼 성숙한다

사랑이란 정말 특별한 것이에요. 사랑 때문에 우리는 기쁘고 행복하며 살아 있다고 느껴요. 친구나 가족과 함께 있을 때 우리는 서로를 돌보고 서로에게 중요한 의미를 줘요. 이렇게 사랑은 우리의 삶을 아름답게 만들어 줘요.

하지만 사랑은 우리에게 쉽지만은 않은 감정이에요. 사랑하기 때문에 우리는 때때로 아파하고, 슬퍼하기도 해요. 예를 들어 친구와 싸웠을 때 우리는 마음이 아프죠. 또는 우리가 정말 좋아하는 반려동물이 아플 때 우리는 걱정하고 슬퍼해요. 이처럼 사랑은 우리의 마음을 열고 다른 사람이나 동물에게 마음을 주는 것이기 때문에 때로는 아픔을 겪기도 해요.

그렇지만 이런 위험을 감수하지 않고서는 진정한 사랑을 느낄 수 없어요. 우리가 누군가를 정말로 사랑할 때 그 사람과의 소중한 순간들, 함께 웃고 즐기는 시간들 그리고 서로를 위해 무언가를 해줄 때의 기쁨을 경험할 수 있어요. 사랑은 우리가 어려움을 겪을 때 서로를 지지하고, 위로해 주는 힘이 되기도 해요.

사랑은 우리를 취약하게 만들지만 동시에 우리를 강하게 만들어요. 우리는 사랑을 통해 용기를 내고 위험을 감수하며 진정으로 의미 있는 삶을 살아갈 수 있어요.

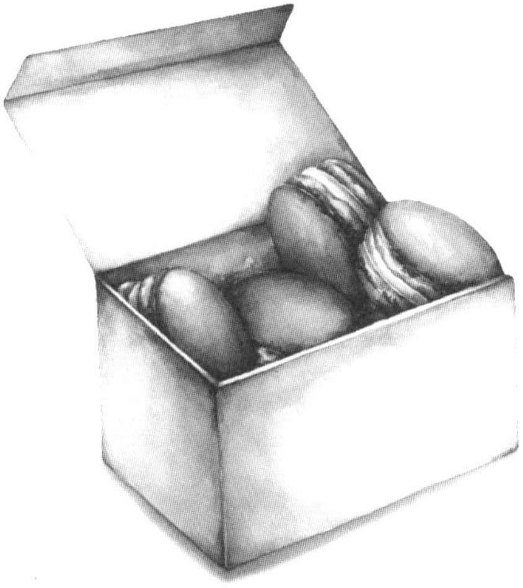

진정한 사랑은 자신을 완전히
드러내는 것이며, 그것은 가장 큰 위험이다.
그러나 그것은 가장 큰 보상을 가져다준다.

좋은 사람 곁에 좋은 사람이 있다

사람들과 잘 지내고 싶다면 다른 사람들에 대해 좋은 것만 기억하는 게 좋아요. 다른 사람의 장점만 보고 나쁜 점은 잊어버리는 거예요. 이렇게 하면 사람들이 당신을 더 좋아하게 되고 당신에게 의지하게 돼요.

사람들도 당신에게 똑같이 해줄 거예요. 자기가 다른 사람을 어떻게 생각하고 대하는지는 결국 자신이 어떤 사람인지를 보여줘요. 좋은 점만 기억하려고 하면 자신도 더 좋고 너그러운 사람이 될 수 있어요. 반대로 사람들을 믿지 않고 나쁜 점만 보면, 자신도 그런 부정적인 모습으로 변할 수 있어요.

간단히 말해서 다른 사람들의 좋은 점만 기억하고 나쁜 점은 잊어버리는 건 자신과 다른 사람들 모두에게 좋은 일이에요. 이렇게 하면 모두가 더 행복해질 수 있어요.

09

Friedrich Nietzsche

타인에 대한 배려로 나 자신을 돌아보자

우리는 언제 자신을 알게 될까요? 생각해 보면 동물들은 다른 동물을 만나면 마음속에서 서로 경쟁을 해요. '나는 이 동물을 이길 수 있을까?', '이 동물은 나보다 강한가?' 이런 생각들을 하며 자신을 알아가죠.

옛날 사람들도 마찬가지였어요. 다른 사람을 만났을 때, '나는 이 사람과 싸워서 이길 수 있을까?', '나는 이 사람을 지킬 수 있을까?' 이런 것들을 생각하며 자기 자신에 대해 알아갔어요.

대부분의 사람은 자신이 어떻게 자기를 지키고 어떻게 다른 사람이나 동물과 맞설 수 있는지, 즉 자신의 방어력과 공격력에 관해서 알게 될 때 자신을 알게 돼요. 아이가 운동장에서 다른 아이들과 놀 때 자기가 얼마나 빨리 달릴 수 있는지, 공을 얼마나 멀리 던질 수 있는지를 통해 자신이 어떤 사람인지 조금씩 알아가게 돼요.

하지만 사실 우리가 자신을 아는 방법은 이것만이 아니에요. 우리는 친구와 어떻게 대화를 하고 어떻게 서로를 도와주는지를 통해서도 자신을 알게 돼요. 친구가 슬플 때 위로해 주거나 어려운 문제를 같이 풀어나가면서 '나는 이런 사람이구나' 하고 깨닫게 되죠.

그래서 우리가 자신을 아는 방법은 많아요. 우리가 얼마나 강한지 얼마나 빠른지도 중요하지만 우리가 얼마나 친절하고, 얼마나 잘 들어주고, 얼마나 잘 도와줄 수 있는지도 우리 자신을 알게 해주는 중요한 부분이에요. 우리는 서로를 도와주고, 서로에게 친절을 베풀면서 더 좋은 사람이 될 수 있어요.

그 사람에게 따듯한 마음을 보여줘야 한다

상상해 봐요. 우리 이웃 중에 한 사람이 정말 힘든 시간을 겪고 있어요. 그 사람은 슬프고, 어려운 일이 생겨서 마음이 무겁죠. 그런데 어떤 사람들이 그 이웃을 방문해요. 그들은 그 사람에게 동정하는 척하면서 그의 불행에 대해 계속 물어봐요. 그리고 그 사람이 얼마나 힘들어하는지 어떤 어려운 일을 겪고 있는지 자세히 이야기하게 해요.

이 사람들이 왜 그런지 아세요? 그들은 이 이웃의 불행한 이야기를 듣고 나서 마음속으로 더 기분이 좋아져요. 그들은 자신의 삶이 그렇게 나쁘지 않다고 느끼게 되고 뭔가 재미있는 이야기를 들은 것처럼 흥분해요. 그래서 이 사람들은 그 이웃을 도와주려고 온 것이 아니라 그의 불행을 듣고 스스로를 더 좋게 느끼려고 온 거예요. 그들은 마치 그 불행한 이야기가 재미있는 드라마처럼 느껴지기까지 해요.

이렇게 불행한 사람의 어려움을 자기 자신의 즐거움으로 바꾸어 버리는 것은 정말 잘못된 일이에요. 진짜 친구나 이웃이라면 다른 사람의 아픔을 즐거워해서는 안 돼요. 대신에 우리는 그 사람이 힘든 시기를 잘 견딜 수 있도록 도와주고 진심으로 그의 곁을 지켜주어야 해요. 누군가가 어려움을 겪고 있을 때 그 사람에게 도움을 주고 위로가 되어주는 것이 진정한 친구의 역할이에요.

11

Friedrich Nietzsche

서로 다름의 가치는 참 아름다운 것이다

사람들이 왜 다양한 피부 색깔을 가지고 있는지에 대해 재미있는 이야기를 만들어 볼 수 있어요. 하지만 먼저 여러분에게 중요한 진실을 말씀드리고 싶어요. 사람의 피부 색깔은 태양의 광선, 우리 조상들이 살았던 환경 그리고 유전 등 많은 자연적인 요인들 때문에 다르게 발달했어요. 우리가 이야기할 이 내용은 실제 과학적인 사실과는 다른 상상의 이야기임을 알아두세요.

한때 모든 사람들은 회갈색 피부를 가지고 있었어요. 이것은 우리가 살아가는 데 딱 좋은 색이었죠. 그런데 시간이 지나면서 사람들은 세계 곳곳으로 퍼져 나갔어요. 어떤 사람들은 매우 뜨거운 곳으로 갔고 어떤 사람들은 조금 더 추운 곳으로 이동했어요.

상상해 봐요. 뜨거운 태양 아래에서 사는 사람들은 태양으로부터 자신들을 보호하기 위해 더 어두운 피부를 가지게 되었어요. 그래서 햇볕이 강한 곳에서는 사람들의 피부 색깔이 더 어두워졌죠. 반대로 추운 곳에서는 햇볕을 더 많이 받아들이기 위해 피부가 밝아졌어요.

만약 사람들의 피부 색깔이 감정 때문에 변했다면 어떨까요? 화를 많이 낸 사람은 피부가 점점 어두워진다거나 놀라거나 창백해지는 사람은 피부가 점점 밝아진다거나 하는 것처럼요. 물론 이건 그냥 상상 속의 이야기예요. 실제로 사람의 피부 색깔은 감정과는 관련이 없어요.

이렇게 사람들이 다양한 피부 색깔을 가진 것처럼 우리는 모두 다르지만 그 안에서 서로 연결되어 있어요. 그래서 우리는 서로의 다름을 인정하고 존중해야 해요.

기억하세요, 우리 모두는 서로 다르게 생겼지만 그 안에서도 많은 아름다움을 발견할 수 있어요. 우리 모두가 서로 다름을 이해하고 받아들일 때, 더욱 행복하고 평화로운 세상을 만들 수 있어요.

세상에는 우리의 침울한 두 눈으로
발견할 수 있는 이상의 행복이 있는 법이다.

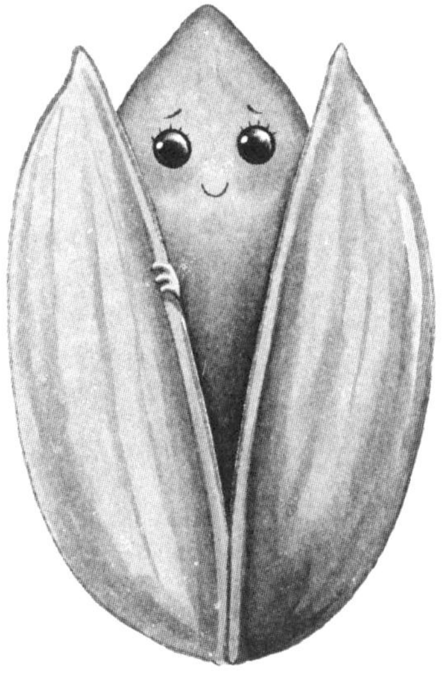

서로를 잘 알기 위해 깊은 교류가 필요하다

옛날에 두 친구가 있었어요. 하지만 어느 날, 그들은 더 이상 친구가 아니게 되었어요. 한 사람은 자기가 친구에게 잘못 이해되었다고 생각했고, 다른 한 사람은 자기가 친구를 너무 많이 알고 있다고 생각했어요. 그래서 그들은 친구 사이를 끝내기로 결정했어요.

하지만 사실 그들 둘 다 잘못 생각하고 있었어요. 그들은 자신이나 친구에 대해 충분히 잘 알고 있다고 생각했지만 실제로는 그렇지 않았어요. 자신이나 다른 사람에 대해 정말로 잘 알기는 어려운 일이에요.

이 이야기는 우리에게 중요한 교훈을 줘요. 때때로 우리는 자신이나 다른 사람에 대해 충분히 알고 있다고 생각할 수 있지만 실제로는 우리가 모르는 것이 더 많을 수 있어요. 그래서 서로를 잘 이해하기 위해 더 많이 대화하고 서로에 대해 더 배우려고 노력하는 것이 중요해요. 그리고 가끔은 우리가 잘못 생각하고 있을 수도 있다는 것을 인정하는 것도 중요하답니다. 이렇게 서로를 더 잘 이해하려고 노력하다 보면 우정을 지키고 나아가 더 좋은 친구가 될 수 있어요.

13

Friedrich Nietzsche

말보다는 생각이 먼저여야 한다

옛날 사람들은 말을 할 때마다 무언가 새로운 것을 발견했다고 생각했어요. 하지만 사실 그들이 생각한 것처럼 말이 항상 도움이 되지는 않았어요. 때로는 어떤 문제를 해결했다고 착각하게 만들어 진짜 문제를 해결하는 데 방해가 되기도 했어요.

지금도 우리는 말 때문에 헷갈리거나 잘못 생각할 수 있어요. 말이 마치 바위처럼 단단해서 우리가 앞으로 나아가려고 할 때 넘어질 수 있어요. 만약 우리가 그 말들을 깨뜨리려고 한다면 오히려 우리가 다칠 수도 있어요. 그래서 때로는 말보다는 생각을 잘해서 문제를 해결하는 방법을 찾아야 해요.

세상 모든 것에 관심을 기울이자

"너 자신을 알라"는 말은 모든 공부의 가장 중요한 부분이에요. 이 말은 모든 것을 잘 알게 되면 그때서야 우리가 자기 자신을 진짜로 이해할 수 있다는 뜻이에요. 왜냐하면 우리가 볼 수 있고 알 수 있는 모든 것은 사실 우리 자신의 일부분이기 때문이에요. 그래서 우리 주변의 모든 것을 잘 배우고 이해하려고 노력할 때 우리는 자기 자신에 대해서도 더 많이 알게 돼요.

사람의 가치는
타인과의 관계로서만
측정될 수 있다.

Part 4

Friedrich Nietzsche

행복을 추구하는 깊은 사색

안이하게 살고자 하는가? 그렇다면 항상 군중 속에 머물러 있으라. 그리고 군중에 섞여 너 자신을 잃어버려라.

- 프리드리히 니체

필연적인 것은 단지 참고 견디는 것이 아니라,
더구나 그것을 감싸주는 것이 아니라 사랑하는 것이다.

- 프리드리히 니체

01

Friedrich Nietzsche

상처를 함부로 주지 말자

대화 중에 사람들이 서로 장난을 치기도 해요. 어떤 사람은 다른 사람을 장난으로 조금 속이려고 하지만 이건 나쁜 마음에서 하는 게 아니에요. 그냥 자신의 장난기를 즐기고 싶어서 그래요. 그런데 장난을 치는 사람 중에는 다른 사람이 웃도록 재미있는 상황을 만들기도 하고 어떤 사람은 일부러 문제를 만들어서 다른 사람이 해결하게 만들기도 해요. 그래서 우리는 장난을 칠 때 다른 사람의 마음이 어떨지 생각해 보고 그로 인해 상처받는 사람이 없도록 조심해야 해요.

나의 행복을 세상에 전파하자

행복을 느낄 때 우리는 마치 더 강해진 것처럼 느껴요. 이 강함은 우리가 다른 사람들이나 우리가 상상하는 것들 또는 우리 주변의 모든 것에 대해 우리 자신을 어떻게 보여줄지를 결정하게 해줘요. 우리가 자신을 표현하는 방법에는 여러 가지가 있어요.

1. 선물 주기: 이것은 우리가 행복할 때 자주 하는 행동이에요. 우리는 다른 사람들에게 친절을 베풀고, 그들이 기뻐하는 모습을 보고 싶어 해요. 선물을 줌으로써, 우리는 우리의 행복을 다른 사람과 나누고 싶어 하죠.

2. 농담하기: 가끔 우리는 농담을 하거나 장난을 치면서 우리의 기분을 나타내요. 이것 역시 우리가 행복하다고 느낄 때 나타날 수 있는 표현 방법이에요. 하지만 이때 중요한 것은 누군가의 기분을 상하게 하지 않도록 조심하는 거예요.

3. 엉뚱하게 행동하기: 이것은 조금 이해하기 어려울 수 있는데 사람들은 때로는 무언가를 부수거나 파괴함으로써 자신의 감정을 표현해요. 예를 들어 아이들이 모래성을 만든 후에 그것을 부수는 것을 좋아하는 것과 비슷해요. 이것은 그냥 놀이의 한 부분이며 자신들의 창의력과 힘을 시험해 보는 방법이에요.

우리의 행복이 다른 사람들의 행복으로 이어질 수 있도록 해보아요.

인간은 자신의 삶에서 큰 고통 없이는
어떤 것도 이룰 수 없다.
이 고통이 바로 인간의 가장 위대한 선생이다.

잘못은 인정하고 반복하지 않아야 한다

상상해 보세요. 어떤 사람이 잘못된 선택을 해서 범죄를 저지르게 됐어요. 그런데 이 사람이 정말로 괴로워하는 것은 자신이 한 잘못된 행동 때문이 아니에요. 사실 그가 진짜로 괴로워하는 것은 자신이 잘못을 저질렀다는 사실이 드러났을 때 느끼는 부끄러움과 '왜 이런 바보 같은 짓을 했지?' 하고 생각하는 자기 자신에 대한 실망감이에요. 또한 평범한 생활을 할 수 없게 된 것도 큰 괴로움 중 하나예요.

이를 이해하려면 조금 특별한 관점이 필요해요. 예를 들어 형무소나 강제 노동장에 가보면 거기 있는 사람들 중에 자기가 한 잘못 때문에 마음 아파하는 사람이 정말로 많지 않다는 걸 알게 돼요. 그들은 오히려 오래전부터 익숙해진 잘못된 행동, 즉 범죄에 대해 어떤 이상한 그리움을 느낄 수도 있어요.

예를 들어, 친구들과 놀다가 잘못해서 친구의 장난감을 망가뜨렸어요. 그런데 여러분이 가장 괴로워하는 이유는 장난감을 망가뜨린 것 자체보다는 친구 앞에서 망가뜨린 걸 들킨 것, 그리고 '왜 그런 바보 같은 짓을 했을까?' 하는 생각 때문이에요. 그리고 이제 친구와 같이 장난감으로 놀 수 없게 된 것도 슬퍼요.

이처럼 잘못을 했을 때 우리가 느끼는 괴로움은 여러 가지 이유 때문일 수 있어요. 중요한 것은 우리가 잘못을 했을 때 그 잘못을 인정하고 다시는 그런 실수를 반복하지 않으려고 노력하는 것이에요. 그리고 항상 좋은 선택을 하려고 노력해야 해요.

04

Friedrich Nietzsche

행복을 느끼는 양은 사람마다 다르다

우리가 느끼는 행복에 대해서는 "이것이 좋다, 나쁘다"라고 말할 수 없어요. 사람들 중에는 조금만 행복해도 좋아하는 사람들이 있어요. 이런 사람들이 더 이상 행복을 느낄 수 없다고 해서 그 사람들이 모자라거나 지혜가 없다는 뜻은 아니에요.

의사가 모든 환자를 다 치료할 수 없고 어떤 사람들은 항상 아프다고 해서 의학이 부족하다고 말할 수 없는 것처럼 말이에요. 모든 사람은 자신만의 가장 큰 행복을 찾고 싶어 해요. 그러나 그 행복을 찾았다고 해서 모든 사람의 삶이 바로 행복해지고 멋있어지는 것은 아니에요. 어떤 사람의 삶은 여전히 힘들고 부러워할 만한 것이 없을 수도 있어요.

이걸 아주 쉽게 말하자면 우리 모두는 행복을 느끼고 싶어 해요. 하지만 사람마다 행복을 느끼는 방법이나 양이 달라요. 중요한 것은 어떤 상황에서도 우리 자신의 행복을 찾으려고 노력하는 것이에요.

싸움이 항상 확실한 해결책은 아닐 수 있다

누군가가 이렇게 말했어요. "정말 필요할 때 싸울 수 있는 것은 좋은 일이에요. 왜냐하면 내 주변에는 늘 용감한 친구들이 있거든요." 싸움이라는 것은 마지막으로 선택할 수 있는 아주 용감한 행동으로 가는 길이에요. 하지만 안타깝게도 이 길은 항상 확실한 길은 아니에요.

다시 말해서 어떤 사람들은 정말 중요할 때 싸우는 것이 좋다고 생각해요. 그들은 자신의 곁에 용감한 친구들이 있다고 믿어요. 하지만 싸움이라는 것은 항상 확실한 해결책이 되지는 않아요.

오늘 가장 좋게 웃는 자는
최후에도 웃을 것이다.

어린이를 망치는 방법이 있다

어린이를 망치는 쉬운 방법이 있어요. 그건 바로 자기와 똑같이 생각하는 사람만 좋아하고 다르게 생각하는 사람을 싫어하라고 어린이에게 가르치는 것이죠. 이렇게 하면 그 어린이는 다양한 생각을 배우거나 받아들이는 것을 배우지 못해요.

07

Friedrich Nietzsche

내가 나를 속게 만들기도 한다

사람들은 정말 거짓말을 많이 해요. 한 번, 두 번, 세 번도 넘게요. 하지만 나중에는 그들이 거짓말을 했던 것을 잘 기억하지 못하고 사람들이 거짓말을 많이 한다는 걸 잘 믿지도 않아요.

08

Friedrich Nietzsche

언제까지 어린이로 살 순 없다

우리 주변에는 여러 부류의 사람이 있어요. 그중에는 어린이처럼 살아가는 어른들도 있어요. 이런 사람들은 늘 어린이처럼 순수하고 귀여울 수 있지만 어른으로서 해야 할 중요한 일들에 대해서는 잘 모를 수도 있어요.

예를 들어 우리는 매일 먹을 것을 찾아야 하고 때로는 어려운 일이 생겼을 때 스스로 해결해야 해요. 하지만 어린이처럼 사는 사람들은 이런 일들에 대해 크게 신경 쓰지 않아요. 그들은 마치 어린이가 부모님에게 의지하는 것처럼 다른 사람이 자신의 문제를 해결해 주기를 바라요.

또한 이런 사람들은 자신이 하는 일이나 결정이 큰 의미가 있다고 생각하지 않아요. 그들은 마치 어린이가 장난감을 가지고 놀 때처럼 지금 이 순간만 즐기려고 해요. 물론 현재를 즐기는 것도 중요하지만 어른이 되면 우리의 선택과 행동이 더 큰 의미를 가지게 돼요. 우리가 어떤 결정을 하고, 어떻게 행동하는지에 따라 우리 자신뿐만 아니라 주변 사람들의 삶에도 영향을 줄 수 있어요.

그래서 어린이처럼 사는 것은 때로는 즐겁고 행복할 수 있지만, 어른으로서 책임감을 가지고 우리의 일을 스스로 해결하려고 노력하는 것도 매우 중요해요. 이것이 바로 우리가 어른으로 성장하면서 배우게 되는 교훈 중 하나예요.

위대한 것은
방향을 결정하는 것이다.

09

Friedrich Nietzsche

새로운 것은 공유하면 좋다

새로운 소식을 듣거나 사건이 생기면 사람들은 가끔 그것을 마치 예전부터 알고 있던 것처럼 이야기해요. 왜냐하면 새로운 것을 처음 듣게 되면 조금 불편하거나 놀랄 수 있기 때문이에요. 그리고 때로는 새로운 것을 먼저 알게 된 사람이 자신이 더 많이 알고 있다고 생각하면서 다른 사람들보다 나은 것처럼 느낄 수도 있어요.

이것을 쉽게 설명해 볼게요. 상상해 보세요. 친구가 새로 나온 게임에 대해 먼저 알고 있고, 그 게임을 이미 해보았다고 해요. 그 친구는 그 게임에 대해 자세히 알고 있기 때문에 다른 친구들보다 조금 더 우월하다고 느낄 수 있어요. 그리고 그 친구가 게임에 대해 이야기할 때 마치 오래전부터 알고 있던 것처럼 말할 수도 있어요.

하지만 사실 새로운 것을 배우고 경험하는 것은 모두에게 좋은 일이에요. 우리는 새로운 사건이나 정보를 접할 때마다, 그것이 우리에게 새로운 지식을 주고, 우리가 더 많은 것을 알 수 있게 해준다는 것을 기억해야 해요. 그래서 누군가가 새로운 것을 알고 있다고 해서 불편해하거나 경쟁하려고 하지 말고 그것을 함께 나누고 배울 기회로 생각하는 것이 좋아요. 이렇게 함께 배우고 나누면서 우리는 모두 더 좋은 친구가 될 수 있어요.

10

Friedrich Nietzsche

어떻게 살아가야 하는가가 중요하다

사람들은 자신이 알고 있는 것이나 가진 것을 자신의 일부로 여기곤 해요. 예를 들어 우리가 새로운 무언가를 배우거나 어떤 물건을 가지고 있다면 그것을 마치 우리 자신의 일부처럼 생각하게 돼요. 마치 "이것은 나의 것이야"라고 말하는 것처럼요.

또한 어떤 사람들은 자기가 중요한 사람이라고 느끼며 자신이 많은 것을 가지고 있다고 생각해요. 예를 들면 유명한 사람이나 귀부인들은 자신의 아이, 옷, 애완동물, 주변 사람들, 심지어 살고 있는 도시까지도 자신의 것이라고 여길 수 있어요. 그들은 마치 "이 모든 것이 나야"라고 말할 수 있을 정도로 많은 것을 가지고 있어요.

이탈리아에는 "소유하지 않는 사람은 존재하지 않는다"는 말이 있어요. 이 말은 사람들이 자신이 가진 것을 통해 자신의 가치를 느낀다는 것을 의미해요. 하지만 정말 중요한 건 우리가 무엇을 가지고 있느냐가 아니라 우리가 어떤 사람인가예요. 우리의 가치는 우리가 가진 것이 아니라, 우리가 어떻게 행동하고 다른 사람들과 어떻게 관계를 맺는지에 달려 있어요.

중요한 건 우리가 많은 것을 소유하고 있느냐가 아니라 우리가 어떤 마음을 가지고 어떻게 살아가느냐예요. 우리는 모두 소중하고, 우리가 가진 것이 아니라 우리 자체로 이미 충분히 가치 있는 존재랍니다.

처음 본 모습이 진짜 모습이 아닐 수 있다

사람들이 처음 만났을 때 보이는 행동이나 말이 항상 그 사람의 진짜 성격을 나타내는 것은 아니에요. 특히 흥분을 잘하고 성급한 사람들의 경우에는 더욱 그렇죠. 그들이 처음에 하는 말이나 행동은 주변 환경의 영향을 받아 나타난 것일 수 있어요. 즉, 그 순간의 상황이나 분위기를 따라서 반응하는 거예요.

하지만 사람들의 말이나 행동은 쉽게 잊히지 않기 때문에 나중에 그 사람이 진짜 모습을 보여준다 해도 그 진짜 모습이 잘 보이지 않을 수 있어요. 예를 들어 처음에 너무 성급하게 행동했는데 나중에 침착하고 생각이 깊은 모습을 보여도 사람들은 처음의 성급한 모습만 기억할 수 있어요. 그래서 처음에 한 말이나 행동으로 인해 사람들이 진짜 성격을 이해하는 데 시간이 걸리거나 그 진짜 모습을 제대로 보지 못할 수도 있어요.

이 이야기의 교훈은 사람들이 처음에 어떻게 행동하든 그것이 그 사람의 전부는 아니라는 거예요. 사람들은 시간이 지나면서 다양한 모습을 보여줄 수 있으니 누군가를 처음 만났을 때 바로 판단하지 않는 것이 중요해요.

창조력이 주는 기쁨이 크다

천재들은 특별한 능력을 가지고 있어요. 그들은 자연스럽게 많이 움직이기도 하고 어떤 때는 계획을 세워서 중요한 일을 하기도 해요. 그런데 이 두 가지 모습을 동시에 가지고 있어서 가끔은 자신 안에서 이 두 가지가 서로 다투는 것처럼 느껴져요.

이런 상황 때문에 천재들은 종종 행복하지 않을 수 있어요. 하지만 천재는 창조적인 일을 할 때, 즉 상상력을 사용하거나 일반적인 생각과는 다른 방식으로 문제를 해결할 때 가장 행복해져요. 이런 활동이 예술이라고 할 수 있어요. 예술은 상상력을 사용하고 때로는 일반적인 규칙을 따르지 않는 활동이기 때문이죠.

간단히 말해서, 천재들은 자신들의 상상력을 사용해서 창조적인 일을 할 때 가장 행복하다는 거예요. 이런 활동을 통해 그들은 자신 안의 불안정함을 잊고 좋은 작품을 만들 수 있어요.

자신 안에 아직
혼돈을 가지고 있어야만
춤추는 별이 탄생할 수 있다.

13

Friedrich Nietzsche

보이지 않아야 상상력이 더 자극된다

어떤 나라의 사람들이 상상력이 약해지면 그들은 전설 같은 이야기를 무대에서 연극으로 보고 싶어 해요. 이렇게 하면서 그들은 상상력을 대신할 뭔가를 찾으려고 해요. 하지만 옛날에는 이야기를 큰 소리로 들려주는 것이 더 중요했어요. 그때는 연극이나 영웅으로 분장한 배우들이 상상을 돕기보다는 방해가 됐어요. 왜냐하면 그것들은 너무 구체적이고 상상할 여지를 주지 않았기 때문이에요. 꿈을 꾸거나 상상하는 것이 더 어려워졌어요.

간단히 말해서 사람들이 상상력을 많이 사용할 때는 스스로 마음속에서 멋진 이야기를 만들어 낼 수 있어요. 하지만 상상력이 약해지면 이야기를 무대에서 보여주는 연극으로 대체하려고 해요. 그런데 옛날 사람들은 이야기를 듣는 것만으로도 충분히 상상할 수 있었어요. 그래서 그들에게는 연극이나 분장한 배우가 상상하는 데 도움이 되기보다는 오히려 방해가 됐던 거예요.

14

Friedrich Nietzsche

모든 건 좋은 마음으로 접근해야 한다

마음이 아프거나 기분이 많이 나쁠 때 그런 슬픔이나 힘든 마음을 극복하기 위해서는 먹는 것을 바꾸거나 몸을 움직이는 것이 좋아요. 하지만 사람들은 이런 방법 대신 쉽게 아픈 마음을 잊게 해주는 것을 찾곤 해요. 예를 들어 예술 같은 것이 있죠. 예술은 사람들이 슬픔을 잊게 해주기도 하지만 이런 이유로 예술에 관심을 갖게 되면 그 예술 자체나 예술을 하는 사람들에게 좋지 않은 영향을 줄 수도 있어요.

만약 여러분이 슬프거나 아플 때 예술을 찾는다면 그 예술이나 예술을 하는 사람들도 문제가 생길 수 있다는 걸 알아야 해요. 예술을 사랑하는 마음이 예술가들에게도 힘든 일이 될 수 있다는 거예요.

간단히 말해서 우리가 마음이 아플 때 예술 같은 것으로 쉽게 문제를 해결하려고 하지 말고 건강하게 몸을 움직이거나 식단을 바꿔보는 것이 더 좋다는 거예요. 그리고 우리가 예술을 좋아할 때는 그 예술이나 예술을 하는 사람들에게 좋은 영향을 주는지도 생각해 봐야 해요.

자신을 미워하는 일은 없어야 한다

사람들은 일이 잘못됐을 때 쓴 글을 지우듯이 자신을 지울 수 있는 유일한 존재예요. 사람들이 더 좋은 세상을 만들기 위해서든, 다른 사람들을 도와주고 싶어서든, 자기 자신에게 화가 나서든, 그런 생각을 할 수 있어요.

간단히 말해서 사람들은 일이 잘못되면 자기 자신에 대해 매우 슬프고 실망스러운 생각을 할 수 있어요. 이런 생각은 여러 가지 이유 때문에 생길 수 있어요. 하지만 중요한 건 우리 모두가 서로 도와주고 힘들 때 서로의 손을 잡아주는 것이에요.

내 심리 상태는 카멜레온처럼 다양한다

우리가 정말 좋아하는 영웅이나 유명한 사람이 있어요. 이 사람을 정말 멋지고 완벽한 사람으로 생각하면서 우리는 그 사람처럼 되고 싶어 해요. 그런데 우리가 그렇게 생각하는 것은 사실 우리 자신을 조금 더 좋게 보이게 하려는 마음에서예요. 마치 "저 사람처럼 멋진 사람이 되고 싶어요"라고 말하면서 우리 스스로를 위로하고 싶은 거예요.

우리가 그렇게 하는 이유 중 하나는 우리 자신에 대해 잘 몰라서 그래요. 우리는 어떤 면에서는 잘 모르는 것들이 많아요. 그런데 그걸 인정하기보다는 우리가 좋아하는 그 멋진 사람처럼 되려고 노력하면서 "나는 아직 멋진 사람이 될 수 있어"라고 스스로를 속이는 거예요.

이런 마음은 우리가 진짜로 느끼는 기쁨이나 슬픔과는 좀 달라요. 우리 마음속에는 복잡한 감정이 있어서 간단하게 설명할 수 없는 것들이 많아요. 사랑에 빠진 사람들도 비슷해요. 그들은 사랑하는 사람 때문에 기쁘기도 하고, 가끔은 아픔을 느끼기도 해요.

이렇게 우리는 때때로 우리가 정말로 원하는 것이 무엇인지, 우리 자신이 진짜로 어떤 사람인지를 잘 모를 때가 있어요. 그런데 그것이 바로 우리가 성장하고 배우면서 발견해야 할 중요한 부분이에요. 우리 자신에 대해 더 잘 알아가면서 진짜로 중요한 것이 무엇인지를 이해할 수 있게 되는 거예요.

영웅은 자신의 삶의 주인공이 되는 사람이다.
그는 자신의 운명을 스스로 결정하고,
어떤 장애물도 그를 꺾을 수 없다.

Part 5

Friedrich Nietzsche

진짜 나를 만나는 농익은 시간

훌륭한 사람이 저지르는 잘못은 존경할 만한 가치가 있다. 그것이야말로 하찮은 사람의 진실보다 더 유익하기 때문이다.

- 프리드리히 니체

아침에 눈을 뜨면 무엇보다도 먼저
'오늘은 한 사람에게만이라도 기쁨을 주어야겠다'라는
생각으로 하루를 시작하라.

- 프리드리히 니체

01

Friedrich Nietzsche

내 안의 문제를 내 안에서 찾아보자

간혹 사람들은 슬프거나 어려운 일이 생기면 그런 기분을 다른 누군가를 괴롭히면서 풀곤 했어요. 이건 "나는 아직 강해. 나는 할 수 있어"라고 스스로를 위로하는 방법이었죠. 그렇게 하면서 자기 자신이 아직도 힘이 있다는 걸 느끼고 조금이나마 마음이 나아졌어요.

그런데 시간이 지나면서 사람들은 슬프거나 힘든 일을 겪을 때 작은 변화가 찾아왔어요. '이 모든 일은 내가 뭔가 잘못했기 때문에 일어난 일이야'라고 생각하게 된 거예요. 그런데 이렇게 생각하면서 사람들은 자기가 겪는 어려움 속에서도 어떤 이익을 찾게 됐어요. 그 이익은 바로 자기 자신이 뭔가 잘못했다고 느낄 때 괴로움에서 벗어나는 방법을 찾는 거예요.

이렇게 해서 사람들은 더 이상 다른 사람을 괴롭히면서 자신을 위로하지 않게 됐어요. 왜냐하면 그들은 새로운 방법으로 자신을 위로할 수 있게 됐기 때문이에요. 이 새로운 방법은 바로 자신이 겪는 어려움을 통해 더 성장하고 자신의 잘못을 인정하며 그것을 극복하는 길을 찾는 거예요. 이런 과정을 통해 사람들은 자기 자신과 다른 사람에게 더 친절하고 이해심 많은 사람이 될 수 있었어요.

02

Friedrich Nietzsche

규칙을 정하면서 문명이 발달한다

옛날 어떤 나라에서는 사람들이 아주 특별한 규칙을 가지고 살았어요. 예를 들어 캄차카라는 곳에는 신발에 묻은 눈을 작은 칼로 긁어내면 안 되고, 석탄을 작은 칼로 찌르면 안 되며, 쇠를 불 속에 넣으면 안 된다는 규칙이 있었어요. 이런 규칙을 어기면 정말 큰 벌을 받게 되었어요. 심지어 죽을 수도 있었답니다.

이런 규칙들은 사실 우리가 보기에는 조금 이상하고 왜 이런 규칙이 필요한지 잘 이해가 되지 않을 수도 있어요. 하지만 이런 규칙들이 있었기 때문에 사람들은 자신들의 전통과 습관을 매일같이 기억하고 따랐어요. 이렇게 계속해서 전통을 지키려고 노력하는 것이 그들에게는 아주 중요한 일이었어요.

이렇게 특별한 규칙을 따르는 전통을 갖고 사는 것이 사실은 문명을 만드는 시작이었다고 할 수 있어요. 왜냐하면 사람들이 공동으로 지켜야 할 규칙과 전통을 갖게 되면서 서로 협력하고 같이 살아가는 방법을 배우게 되었기 때문이에요. 이런 과정을 통해 사람들은 더 잘 살아갈 수 있는 방법을 찾게 되었답니다.

그래서 아무리 이상하게 보이는 규칙이라도, 그 규칙이 사람들을 하나로 묶어주고 좋은 방향으로 나아가게 하는 힘이 있다는 걸 알 수 있어요. 이런 것들이 모여서 우리가 사는 세상을 더 좋은 곳으로 만드는 거랍니다.

괴물과 싸울 때 조심하라.
그렇지 않으면 스스로
괴물이 되기 쉽다.

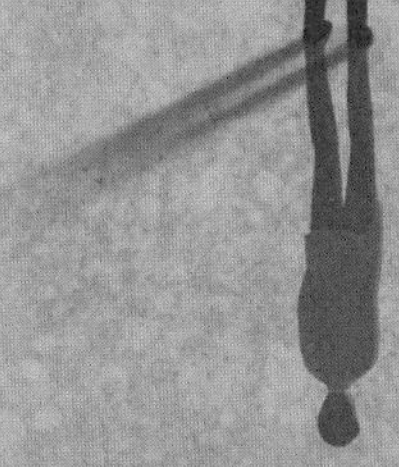

자연은 언제나 똑같은 모습이었다

옛날에 사람들은 자연을 보며 자기 자신을 떠올렸어요. 그들은 바람, 비, 사나운 동물, 나무, 풀 같은 자연에도 자신들처럼 변덕스럽고 때로는 나쁜 성격을 가진 존재들이 있다고 생각했어요. 그래서 사람들은 자연도 자신들처럼 좋지 않은 면이 있다고 믿게 되었어요. 이걸 '나쁜 자연'이라고 생각했답니다.

그런데 시간이 지나고 루소라는 사람이 사는 시대가 되었을 때, 사람들은 서로에게 지쳐서 자연이 주는 평화로운 모습에 끌리기 시작했어요. 그들은 아무 걱정 없이 살 수 있는 세상, 즉 고통이나 슬픔 없이 행복하게 살 수 있는 곳을 간절히 원했어요. 이렇게 해서 사람들은 '좋은 자연'에 대한 생각을 가지게 되었어요.

간단히 말해서 사람들은 처음에는 자연에서 자기 자신의 모습을 보고 '나쁜 자연'이라고 생각했어요. 하지만 나중에는 서로에게 실망하고 지친 후에 자연에서 평화와 행복을 찾으려고 했고 이렇게 '좋은 자연'에 대한 생각을 갖게 되었답니다. 이렇게 사람들의 자연에 대한 생각은 시간이 지나면서 조금씩 달라지게 되었어요.

04

Friedrich Nietzsche

오래된 것과 새로운 것에 대해 생각하자

옛날 사람들은 자기네들이 겪은 일들을 통해 좋은 것과 나쁜 것이 무엇인지 배웠어요. 그리고 이런 경험들을 모아서 '풍습'이라고 부르는 규칙을 만들었어요. 예를 들어 어떤 마을에서는 비가 오면 큰 소리로 노래를 부르는 것이 좋다고 생각해서 비가 올 때마다 노래를 부르는 풍습이 생겼어요.

하지만 이런 풍습을 지키는 마음, 즉 '윤리'는 그 풍습이 얼마나 오래되었고 중요하다고 느끼는지에 따라 달라져요. 그 풍습이 오래되고 중요하다고 느끼면 사람들은 그 풍습을 아주 소중하게 여기게 돼요.

그런데 이런 마음이 때로는 새로운 것을 배우거나 더 나은 방법을 찾는 것을 어렵게 만들어요. 예를 들어 누군가 비가 오면 노래 대신 춤을 추는 것이 더 좋다고 말한다면 오래된 풍습을 중요하게 여기는 사람들은 쉽게 받아들이지 않을 거예요. 그래서 이런 윤리는 사람들이 새롭고 좋은 변화를 찾는 것을 막을 수도 있어요.

간단히 말해서 옛날 사람들은 자신들의 경험으로부터 풍습을 만들었고 이 풍습을 아주 소중하게 여겼어요. 하지만 이런 마음이 때로는 새로운 것을 배우거나 좋은 변화를 받아들이는 것을 어렵게 만들 수도 있어요. 그래서 때로는 새로운 것을 시도해 보는 것도 중요하다는 걸 기억하는 게 좋아요.

05

Friedrich Nietzsche

변화를 이끄는 용기와 결단이 필요하다

사람들은 생각하는 것과 실제로 행동하는 것 중에서, 실제로 한 행동의 결과에 더 마음이 쓰이고 걱정을 많이 해요. 자유롭게 생각하는 사람들(자유사상가)과 자유롭게 행동하는 사람들(자유행위가)이 있는데, 생각만 하는 사람들은 금지된 것에 대해 생각하고 말하는 것만으로도 행복을 느끼지만, 실제로 행동하는 사람들은 그 행동의 결과로 인해 어려움을 겪을 수 있어요.

하지만 둘 다 자유롭게 생각하고 싶어 하고 자신이 좋아하는 것을 하고 싶어 한다는 점에서는 같아요. 그런데 사람들이 일반적으로 생각하는 것과는 달리 실제로 행동을 하는 사람들이 나중에는 더 좋게 평가받을 수도 있어요. 옛날에는 어떤 규칙을 깨뜨린 사람을 나쁜 사람, 즉 범죄자라고 불렀어요. 하지만 그 사람이 깬 규칙이 사실은 불합리한 것이었고, 사람들이 그 변화에 만족하게 되면 그 사람에 대한 생각도 점차 좋게 바뀌어요.

간단히 말해서 처음에는 사람들이 좋아하지 않았던 행동을 한 사람도 시간이 지나고 그 행동이 사람들에게 좋은 변화를 가져다주면 그 사람을 다시 좋게 생각하게 돼요. 역사는 이런 이야기를 많이 가지고 있어요. 처음에는 나쁘게 보였던 사람도 나중에는 사람들이 그 사람의 용기와 변화를 이끈 행동을 인정하게 되는 거예요.

06

Friedrich Nietzsche

세상의 판단 기준은 새롭게 변한다

누군가가 "빵을 구워라"라고 말했을 때 우리는 그 명령을 따라 빵을 구워야 결과가 좋은지 나쁜지를 알 수 있어요. 만약 빵이 잘 구워졌다면 그 명령은 좋은 명령이었다고 할 수 있죠. 하지만 도덕적인 명령, 즉 사람들에게 좋은 행동을 하라는 명령은 조금 달라요. 이런 명령은 결과가 불확실하거나 해석하기 어려울 수 있어서 명령이 좋은지 나쁜지 증명하기가 힘들어요.

예전에는 학문이 발달하지 않아서 어떤 것이 옳은지 그른지를 판단하는 기준이 지금보다 훨씬 단순했어요. 예를 들어 알래스카의 원주민들 사이에서는 동물의 뼈를 불에 던지거나 개에게 주면 안 된다는 규칙이 있었어요. 그들은 "그렇게 하면 사냥이 잘 안 될 거야"라고 말하며 이 규칙을 설명했어요. 하지만 실제로 사냥이 잘 안 되는 날이 많아서 이 규칙이 정말로 사냥에 영향을 미치는지 증명하기 어려웠어요.

특히, 이런 규칙을 전체 마을이 따라야 할 때는 더 복잡해져요. 만약 마을 전체가 사냥이 잘 안 되었다면 사람들은 그것이 규칙을 어겨서 그런 것이라고 생각할 수도 있어요. 그래서 때로는 그 규칙이 사실이라고 믿게 되는 경우도 생겨요.

간단히 말해서 어떤 명령이 좋은지 나쁜지를 결정하는 것은 때로는 쉽지 않아요. 특히 도덕적인 명령의 경우, 결과가 불확실하거나 여러 가지로 해석될 수 있기 때문에 더 그래요. 예전에는 사람들이 간단한 규칙으로 좋고 나쁨을 판단했지만 지금은 그것이 항상 쉽지 않다는 것을 알아야 해요.

기분을 잘 다스려야 성공한다

사람들은 자신이 무엇을 해야 할지 결정하기 어려울 때 종종 이렇게 생각해요. '내 마음이 가는 대로 해보자.' 좋은 기분이라는 것은 마치 저울에 올려놓은 무게처럼 중요하게 여겨져서 그것이 합리적인 생각보다 더 큰 영향을 미치게 되었어요. 사람들은 이런 좋은 기분이 성공으로 이끌 것이라고 믿었고 이것이 마치 신이 우리에게 최고의 판단을 하라고 가르치는 것처럼 여겼어요.

그럼에도 이런 방식으로 결정하는 것이 항상 현명한 것만은 아니에요. 하지만 현명하고 강해지고 싶어 하는 사람들은 이런 방식을 잘 활용하곤 했어요. 그들은 "기분을 만들어라!"라고 말하면서 이런 방식으로 다른 모든 주장을 대체하고 반대되는 의견을 이길 수 있다고 믿었어요.

더 이해하기 쉽게 설명해 볼게요. 우리가 어떤 일을 결정해야 할 때가 있어요. 예를 들어, 아침에 일어나서 오늘 무엇을 할지 결정해야 한다고 해봐요. 그럴 때 우리는 여러 가지 선택지가 있어요. 밖에 나가서 놀기, 책을 읽기, TV를 보기 등등이죠. 이때 우리는 어떻게 결정할까요? 많은 사람은 자신이 가장 기분이 좋아지는 일을 선택해요. 왜냐하면 우리는 기분이 좋을 때 더 행복하다고 느끼기 때문이에요. 그래서 "오늘은 날씨도 좋으니까, 밖에 나가서 놀자!"라고 결정할 수 있어요. 이렇게 우리는 우리의 기분과 마음이 가는 대로 결정을 내리는 거예요.

하지만 때로는 기분이 좋아지는 것만 고려하다 보면 중요한 일을 놓치거나 잘못된 결정을 할 수도 있어요. 그래서 현명한 사람들은 기분뿐만 아니라 다른 중요한 것들도 함께 고려해서 결정을 내리려고 해요. 예를 들어, '오늘은 밖에 나가서 놀고 싶지만, 내일 시험이 있으니까 공부를 해야겠다'라고 생각할 수도 있어요.

우리의 삶에서 가장 중요한 순간들은
우리가 우리 자신을 가장 깊이
의심하는 순간들이다.
그러나 바로 이 의심들이
우리를 새로운 인식으로 이끈다.

생각이 바뀌었지만 소중함은 잊지 말자

옛날 사람들은 우리가 동물이나 꽃에서 왔다고 생각했고, 그것을 전혀 부끄럽게 여기지 않았어요. 그들은 자연의 모든 것, 예를 들어 나무나 강, 동물에게도 마음이 있다고 생각했어요. 사람들은 마음이라는 것을 자신들만의 특별한 것으로 여기지 않았고 다른 모든 것들과 함께 나누는 공통의 선물로 생각했어요. 그래서 자연의 다른 부분들, 예를 들어 동물이나 식물과 자신들이 연결되어 있다고 느꼈고 이로 인해 자연과 더 가까워질 수 있었어요.

하지만 시간이 지나면서 사람들은 자신들이 다른 동물이나 자연에서 왔다고 생각하기보다는 자연과는 다르고 더 높은 존재라고 생각하기 시작했어요. 이런 생각은 사람들이 자신의 마음이나 정신을 아주 중요한 것으로 여기게 만들었어요. 그들은 이제 자신의 마음이나 생각을 자연이나 동물들과는 다른, 특별한 것으로 봤어요.

이런 생각의 변화는 사람들이 자연과의 관계를 어떻게 보는지에도 영향을 미쳤어요. 이전에는 자연의 일부로 자신을 봤던 사람들이, 이제는 자연 위에 서 있는 존재로 자신을 보기 시작했어요. 이로 인해 사람들은 자연과 더 거리가 생기게 되었고 자연을 이용하려는 생각이 더 커지게 되었어요.

하지만 사람들이 자연에서 왔다고 믿었던 옛날 생각은 우리에게 중요한 교훈을 줘요. 우리가 자연과 더 가깝게 느끼고 자연의 다른 부분들과 함께 살아가는 것이 얼마나 중요한지를 알려줘요. 이런 생각은 우리가 자연을 더 소중히 여기고 보호하려는 마음을 갖게 해줘요.

09

Friedrich Nietzsche

습관을 바꾸기 위해 필요한 것이 무엇인가

우리는 가끔 아파하고 괴로워하면서 그런 과정을 통해 세상에 대해 더 깊이 생각하고 더 중요한 진리를 찾아낸다고 믿어요. 이런 생각은 우리에게 위안을 줄 때가 있어요. 하지만 이런 위안을 찾는 것은 쉽지 않아요. 때로는 우리는 아픔 없이 행복한 상태보다 아픔을 겪으면서 더 높은 의미나 가치를 느끼고 싶어 해요. 이렇게 하면 우리는 더 깊은 진리에 다가간다고 느껴요.

하지만 우리가 이런 방식으로 느끼게 만드는 것은 우리의 자존심이에요. 우리가 자주 하는 행동이나 생각이 우리를 만족시키기 때문이죠. 그래서 우리가 더 나은 방향으로 발전하려면 이런 습관을 바꾸기 위한 힘이 필요해요. 그런데 여기서 중요한 질문이 생겨요. 우리가 이 습관을 바꾸기 위해 사용해야 하는 힘은 더 많은 자존심일까요, 아니면 새로운 종류의 자존심일까요?

행동에 대해 지나치게 의미를 두지 말자

만약 우리가 정해진 시간에 목욕을 하라는 말을 들었다고 해봐요. 사람들이 목욕을 하는 이유는 몸을 깨끗하게 하기 위해서가 아니라 그냥 그렇게 하라고 해서 그런 거예요. 사람들은 몸이 더러워지는 것을 피하려고 목욕을 하는 것이 아니라 목욕을 안 하면 신들이 화를 낼까 봐 걱정하는 거예요. 사람들은 신들이 화를 내지 않게 하려고 목욕을 하는 거라고 생각해요. 그래서 사람들은 목욕하는 것에 더 많은 의미를 부여하게 돼요.

사람들은 목욕하는 것을 단순히 몸을 깨끗하게 하는 것이 아니라 다른 이유로 중요하게 생각해요. 그리고 진짜 중요한 것, 즉 몸을 깨끗하게 하는 것의 즐거움을 잊어버리고, 목욕이 상징하는 것만 중요하다고 여기게 돼요.

행동에 대한 이유를 찾는 버릇이 있다

우리가 좋아하거나 싫어하는 것들에 대한 감정은 어릴 때부터 배워요. 예를 들어 부모님이나 주변 어른들이 특정한 행동을 좋아하거나 싫어하는 것을 보고 아이들은 그것을 따라 하게 돼요. 마치 원숭이가 흉내를 내는 것처럼요. 그렇게 해서 아이들은 좋아하고 싫어하는 감정을 배우게 되고 그 감정이 자신들 안에서 자라나요.

그런데 어른이 되면 그냥 좋아하거나 싫어하는 것이 아니라 왜 그런 감정을 가지게 되었는지 그것이 옳은 것인지를 생각하게 돼요. 사람들은 자신의 감정에 대해 이유를 찾으려고 해요. 하지만 사실 우리가 처음에 그 감정을 가지게 된 이유와는 별개로 우리는 그냥 그 감정이 있기 때문에 그리고 그것이 옳다고 생각하기 때문에 이유를 붙이려고 하는 거예요.

도덕적인 감정, 즉 좋다고 느끼는 것이나 나쁘다고 느끼는 것의 역사는 도덕적인 개념, 즉 좋고 나쁨에 대한 우리의 생각이 어떻게 발전해 왔는지와는 다른 이야기예요. 도덕적인 감정은 우리가 어떤 행동을 할 때 바로 느껴지는 것이고 도덕적인 개념은 우리가 어떤 행동을 한 뒤에 그것이 왜 좋거나 나쁜지를 설명할 때 중요해져요.

우리는 어렸을 때부터 어른들이 좋아하고 싫어하는 것을 보고 배워요. 그리고 자라면서 우리는 왜 그렇게 느끼는지 이유를 찾으려고 해요. 하지만 사실 우리가 처음에 그런 감정을 가지게 된 진짜 이유는 그냥 그 감정이 우리 안에 있기 때문이에요. 우리는 어떤 행동을 할 때 바로 그런 감정을 느끼고 나중에 그 행동이 왜 좋거나 나쁜지를 생각해요.

12

Friedrich Nietzsche

내 마음의 주인은 누구일까

"너의 마음을 따라가 봐!"라는 말을 듣곤 해요. 하지만 우리가 느끼는 마음이나 감정은 항상 맨 처음 생긴 것이나 가장 중요한 것만은 아니에요. 우리가 느끼는 감정 뒤에는 어떤 생각이나 판단이 있어요. 그리고 이런 감정들은 우리가 태어날 때부터 가지고 있는 것이기도 해요.

우리가 감정에 따라 무언가를 느끼거나 영감을 받을 때 그것은 가끔 잘못된 생각에서 시작된 경우가 많아요. 그리고 이런 생각들은 사실 우리 스스로 만든 것이 아니에요. 우리가 자신의 감정을 따른다는 것은 우리 자신의 생각이나 경험을 따르는 것이 아니라 우리의 할아버지, 할머니나 그들의 부모님들, 즉 우리 조상들이 느꼈던 것을 따르는 것을 의미해요.

우리가 진정으로 우리 자신이 되려면,
우리는 우리가 아닌 모든 것을 버려야 한다.
그것은 고통스러운 과정이지만, 그것을 통해
우리는 진정한 자유를 얻는다.

발견하고 발명하는 건 아주 멋진 일이다

옛날 사람들은 정말 대단했어요. 그들은 첫 번째로 도구를 만들고 수레와 배를 만들어 여행을 했어요. 그리고 집을 지었어요. 하늘의 별들이 어떻게 움직이는지, 수학에서 구구단이 어떻게 작동하는지도 처음으로 알아냈죠. 우리가 지금 쓰는 많은 것들의 시작을 만든 거예요.

어떤 사람들은 옛날 사람들이 한 일이 지금 우리가 하는 것보다 훨씬 대단하다고 생각해요. 마치 처음 발견한 것들이 지금 우리가 여행하거나 새로운 것을 발견하는 것보다 더 중요한 것처럼 말이에요. 그래서 오늘날의 발명이나 발견을 별로 중요하지 않게 여기기도 해요.

하지만 사실 옛날 사람들이 한 발견이나 관찰도 우연히 이루어진 경우가 많았어요. 그리고 그들이 한 일이 정말 대단하긴 하지만 지금 우리가 하는 작은 발명 하나에도 옛날 사람들보다 훨씬 많은 지식과 학문 그리고 노력이 들어가 있어요.

옛날 사람들이 처음으로 많은 것을 만들고 발견한 것은 정말 멋진 일이에요. 하지만 지금 우리가 하는 작은 발명이나 발견도 그것들만큼 중요해요. 왜냐하면 지금은 그때보다 더 많은 것을 알고 있고 그 지식을 활용해서 새로운 것을 만들기 때문이에요. 그래서 옛날 것이나 지금 것이나 모두 소중하고 중요한 거예요.

14

Friedrich Nietzsche

지구는 사람들만의 것이 아니다

우리가 사는 지구는 사람들을 위한 곳이라고 생각할 수 있어요. 왜냐하면 지구에는 사람이 살 수 있는 땅이 있기 때문이죠. 하지만 지구에는 태양이 비추지 않는 곳, 별이 밤마다 빛나지 않는 바다와 사람이 살지 않는 땅도 있어요. 그럼 태양과 별은 왜 그런 곳들을 위해 있는 걸까요?

더 쉽게 말하자면 태양과 별은 지구의 모든 곳을 위해 있어요. 사람이 살지 않는 곳도 포함해서 말이에요. 지구는 우리가 살기에 아주 좋은 곳이지만 지구의 모든 곳이 사람이 살기 위해서만 있는 것은 아니에요. 자연은 사람뿐만 아니라 동물과 식물 그리고 지구의 다양한 환경도 중요하게 생각해요. 태양과 별이 비추는 모든 곳은 각각의 중요한 역할이 있어요. 그러므로 우리는 지구의 모든 부분이 서로 연결되어 있고, 모두가 중요하다는 것을 알아야 해요.

Part 6

Friedrich Nietzsche

삶과 동행하는 폭넓은 배움

내가 항상 그렇게 들어왔고, 지금까지 그렇게 행해왔듯이, 철학을 한다는 것은 얼음 덮인 산꼭대기 위에서 기꺼이 살아가는 것이다.

- 프리드리히 니체

사람은 자기가 한 약속을 지킬 만한

좋은 기억력을 가져야 한다.

- 프리드리히 니체

01

Friedrich Nietzsche

건강은 몸과 마음의 조화에서 시작된다

옛날에는 마음과 정신만 중요하다고 생각하는 학문이 많았어요. 이런 생각 때문에 사람들은 자기 몸을 잘 돌보지 않고 때로는 몸을 괴롭히기까지 했어요. 몸에서 느껴지는 모든 감정이나 욕구를 나쁘게 보고 이것들을 억누르려고 했죠.

그 결과, 많은 사람이 마음이 어둡고 슬프고 무겁게 느껴지는 상태가 되었어요. 이런 상황을 겪는 사람들은 자신이 느끼는 나쁜 감정의 원인을 알고 그것을 고칠 수 있다고 생각했어요. 그들은 "문제는 우리 몸에 있어! 우리 몸이 문제를 만들어 내고 있다!"라고 결론지었습니다.

다시 말하자면, 옛날에는 사람들이 정신만 중요하다고 생각해서 자신의 몸을 잘 돌보지 않았어요. 그래서 많은 사람이 몸과 마음이 아팠어요. 그들은 자신이 아픈 이유가 몸 때문이라고 생각했어요.

하지만 사실 우리 몸과 마음은 서로 도와야 해요. 몸도 마음도 중요하니까 우리는 둘 다 잘 돌봐야 해요.

진정한 지혜와 자유는 내 안에 있다

진짜 똑똑해지는 방법은 우리 자신을 잘 아는 것이에요. 우리가 무엇을 잘하고 무엇을 못하는지 알아야 해요. 우리 모두에게는 잘하는 것도 있고 조금 힘든 것도 있어요. 우리는 자기 자신을 너무 대단하다고 생각하거나 반대로 너무 못났다고 생각해서는 안 돼요.

우리가 정말로 자유로워지려면 자기 자신의 한계를 알아야 해요. 이 말은 우리가 스스로의 주인이 될 수 있다는 거예요. 그렇지만 이건 우리가 우리 자신 때문에 곤란을 겪을 수도 있다는 것을 의미해요. 예를 들어 우리가 너무 많은 일을 하려고 하거나 너무 어려운 것을 하려고 할 때 우리는 힘들어질 수 있어요.

자유롭다는 것은 우리가 우리 자신을 잘 알고 우리가 할 수 있는 일과 할 수 없는 일을 이해하는 것을 의미해요. 우리가 우리 자신의 한계를 알면, 우리는 더 잘 선택할 수 있고, 더 행복해질 수 있어요.

우리가 우리 자신을 너무 과대평가하면 우리는 너무 많은 것을 기대하게 되고 실망하기 쉬워요. 반대로 우리가 우리 자신을 너무 과소평가하면 우리는 우리가 할 수 있는 멋진 일들을 놓칠 수 있어요. 그래서 우리 자신을 정확하게 알고, 우리의 진짜 능력을 이해하는 것이 중요해요.

진정한 지혜와 자유는 우리가 우리 자신을 잘 알고 우리의 한계를 인정할 때 생긴다는 걸 기억해야 해요. 이렇게 함으로써 우리는 더 좋은 선택을 하고, 더 행복한 삶을 살 수 있어요.

예술은 삶을 풍요롭게 만든다

예술이라는 것이 얼마나 멋진지 알고 있나요? 예술은 그림이나 음악, 무용 같은 것들을 말해요. 이런 예술은 우리 삶에서 아주 특별한 힘을 가지고 있어요. 예술은 우리가 평소에 보지 못하는 삶의 진실을 보여줄 수 있어요. 또한 우리가 상상하지 못했던 세상을 경험하게 해줄 수도 있죠.

한 장의 그림을 보면서 우리는 그림 속에 담긴 이야기나 감정을 느낄 수 있어요. 음악을 들으면서 우리는 기쁘거나 슬픈 마음이 되기도 하고, 때로는 우리가 전혀 새로운 곳에 있는 것처럼 상상할 수도 있어요. 무용을 감상하면서 우리는 몸짓 하나하나에서 이야기를 읽을 수 있고 무용수의 감정을 함께 느낄 수 있어요.

예술은 우리에게 삶이 가진 다양한 의미를 보여주고, 때로 그 예술은 삶 자체보다 더 큰 의미를 가질 수 있어요. 예술을 통해 우리는 평범한 일상을 넘어서 우리가 상상조차 못했던 아름다운 세계나 새로운 생각들을 만날 수 있어요.

예술을 통해 우리는 우리 자신을 더 잘 이해할 수 있고 다른 사람들과도 더 깊이 연결될 수 있어요. 예술을 통해 우리는 더 넓은 세상을 볼 수 있고, 우리 삶을 더 풍부하게 만들 수 있는 것이죠.

04

Friedrich Nietzsche

새롭게 질문하고 새로운 답을 구하라

우리는 모두 자신이 겪은 일들을 통해 세상을 배워가요. 비가 올 때 우산을 쓰면 옷이 젖지 않는다는 것이나 친구와 잘 지내면 더 즐거운 시간을 보낼 수 있다는 것처럼 말이에요. 하지만 가끔 우리가 생각하는 것과 실제로 일어나는 일이 다를 때가 있어요. 마치 마술사가 마술을 보여줄 때 우리 눈을 속이는 것처럼 우리의 생각도 가끔 우리를 속일 수 있어요.

우리는 때때로 '이것이 진짜야!'라고 확신하는데 나중에 보면 그것이 사실이 아니라 단지 우리가 그렇게 생각했던 것일 뿐이라는 걸 알게 돼요. 예를 들어, 어느 날 밤에 나무 그림자를 보고 '저기 괴물이 있어!'라고 생각할 수 있어요. 하지만 불을 켜고 보면 그저 나무의 그림자였다는 걸 알게 되죠. 이처럼 때로는 우리가 생각하는 것이 실제와 다를 수 있어요.

우리 모두는 '진실'이 무엇인지 알고 싶어 해요. 즉, 모든 것이 정말로 어떻게 작동하는지, 왜 일어나는지 이해하고 싶어 하죠. 이런 호기심은 인간으로서 우리가 가진 매우 자연스러운 성질이에요. 하지만 아무리 노력해도 모든 것을 완전히 알 수는 없어요. 우리가 아무리 많이 배우고 탐색해도 세상에는 여전히 우리가 모르는 것이 많아요.

이것은 조금 실망스러울 수 있지만 동시에 매우 흥미로운 일이기도 해요. 우리가 모든 것을 알 수 없기 때문에 항상 새로운 것을 배울 기회가 있거든요. 우리는 새로운 질문을 할 수 있고 새로운 답을 찾을 수 있어요. 이 과정에서 우리는 계속해서 성장하고 발전할 수 있어요.

권력의 힘으로 선한 영향력을 펼쳐라

사람들이 '권력'이라는 것을 왜 그렇게 중요하게 생각하는지 궁금하게 여겨본 적 있나요? 권력이란 다른 사람들이나 상황에 영향을 미칠 수 있는 힘을 말해요. 사실 우리 모두는 어떤 식으로든 권력을 가지고 싶어 해요. 이런 마음은 매우 자연스러운 것이에요. 우리는 자신의 생각이나 의견이 중요하다고 느끼고 싶으니까요.

이럴 때 우리는 다른 사람들의 마음이나 감정을 잊고 오직 권력을 얻기 위해서만 행동하기도 해요. 예를 들면 친구들 사이에서 누가 더 많은 사람을 자기 편으로 만들 수 있을지 경쟁하는 것처럼요. 이렇게 되면 우리는 진정한 친구가 무엇인지 또 우리가 어떤 사람인지 잊어버릴 수 있어요.

권력을 추구하는 것 자체는 나쁜 것이 아니에요. 하지만 중요한 것은 우리가 어떻게 권력을 사용하느냐예요. 우리가 권력을 사용해서 다른 사람들을 도와주고 모두가 함께 좋은 세상을 만들어 갈 수 있다면 그것은 아주 좋은 일이에요. 하지만 만약 우리가 권력을 얻기 위해 다른 사람들을 해치거나 잘못된 일을 한다면 그것은 결코 좋은 일이 아니에요.

그래서 권력을 추구할 때는 항상 우리의 마음과 행동을 잘 생각해 보아야 해요. 우리가 진정으로 어떤 사람이 되고 싶은지 또 우리의 행동이 다른 사람들에게 어떤 영향을 미치는지 고민해 보는 것이 중요해요. 그렇게 함으로써 우리는 좋은 권력을 가진 사람이 될 수 있어요.

06

Friedrich Nietzsche

죽음도 삶의 일부라는 걸 인정하자

죽음이라는 말을 들으면 어떤 생각이 드나요? 아마도 조금 무섭고 걱정되는 마음이 들 수도 있어요. 그런데 우리가 살아가면서 죽음을 두려워하기보다는 죽음을 삶의 한 부분으로 받아들이면 우리의 삶이 더 풍부해질 수 있다는 것을 알려드리고 싶어요.

우리가 살아가는 동안에는 많은 일이 일어나요. 새로운 친구를 만나고 재미있는 일을 하고, 때로는 슬프거나 어려운 일을 겪기도 해요. 이 모든 경험이 우리의 삶을 이루는 중요한 부분이에요. 죽음도 마찬가지로 우리 삶의 한 부분이라고 생각해 볼 수 있어요. 삶과 죽음은 마치 동전의 앞면과 뒷면처럼 서로 연결되어 있어요.

죽음을 두려워하면 때로는 우리가 새로운 것을 시도하는 것을 망설이게 만들기도 해요. 예를 들어, '나중에 무슨 일이 생길까?'라고 걱정하며 모험을 하지 않는다면 우리는 새로운 경험을 하거나 더 많은 것을 배울 기회를 잃게 돼요. 하지만 죽음을 자연스러운 것으로 받아들이고 우리가 할 수 있는 모든 것을 최선을 다해 하려고 한다면 우리의 삶은 더욱 의미 있고 풍부해질 거예요.

죽음을 받아들이면 매일을 소중하게 여기고 우리가 사랑하는 사람들과 함께 있는 순간들을 더욱 감사하게 생각하게 돼요. 우리가 언제까지 살게 될지 모르기 때문에 지금 이 순간을 최대한 즐기고 우리 주변 사람들에게 사랑을 표현하는 것이 중요해요.

죽음을 두려워하는 것은 삶을 두려워하는 것과 같다.
삶과 죽음은 불가분의 관계에 있으며,
하나를 받아들이지 않고서는
다른 하나도 진정으로 이해할 수 없다.

07

Friedrich Nietzsche

사람을 평가할 때는 다각도로 봐야 한다

사람들이 다른 사람들을 어떻게 보고 판단하는지에 대한 이야기를 해볼게요. 이야기를 시작하기 전에, '도덕 이론'이란 말과 '자유정신'이라는 말에 대해 잠깐 설명할게요. '도덕 이론'이란 옳고 그름을 판단하는 규칙이나 원칙을 말해요. 그리고 '자유정신'이란 규칙에만 얽매이지 않고 자유롭게 생각하고 행동하는 태도를 말하죠.

한 마을에 성격이 다른 두 사람이 살고 있었어요. 첫 번째 사람은 항상 정확한 규칙을 따르고 그 규칙이 얼마나 중요한지를 말하는 사람이었어요. 이 사람은 마을 사람들에게 '도덕적인 모범'이라고 여겨졌죠. 마을 사람들은 이 사람이 가끔 실수를 해도 그 실수를 크게 문제 삼지 않았어요. "아, 그럴 수도 있지"라며 너그럽게 봐주었답니다.

하지만 같은 마을에 살고 있는 두 번째 사람은 조금 달랐어요. 이 사람은 '자유롭게 살자'는 생각을 가지고 살았답니다. 이 사람은 때로는 규칙을 따르지 않았고 자신만의 방식으로 생각하고 행동했어요. 하지만 마을 사람들은 이 사람의 행동을 항상 의심의 눈으로 바라보았어요. 이 사람이 조금이라도 실수를 하면, "저 사람을 보세요! 저런 식으로 살아서는 안 돼요!"라며 비판적으로 말했답니다.

이 이야기에서 우리가 배울 수 있는 것은 무엇일까요? 사람들은 때로는 같은 실수라도 누가 그 실수를 했느냐에 따라 다르게 반응한다는 거예요. 규칙을 엄격히 따르는 사람의 실수는 너그럽게 봐주지만 자유롭게 생각하고 행동하는 사람의 실수는 엄격하게 비판하기도 해요.

하지만 중요한 것은 사람은 누구나 실수를 할 수 있다는 거예요.

우리가 다른 사람을 판단할 때는 그 사람의 한두 가지 실수만 보지 말고 그 사람이 어떤 사람인지 전체적으로 보려고 노력해야 해요. 또한 다른 사람을 이해하고 받아들이려는 마음을 가지는 것이 중요해요. 이렇게 서로를 이해하고 받아들일 때 우리는 더 행복하고 평화로운 마을에서 살 수 있답니다.

진정한 지혜는 모든 것에 대한
의심에서 시작된다.
의심하지 않는 사람은
아무것도 배울 수 없다.

08

Friedrich Nietzsche

사물에 대한 느낌은 마음으로부터 시작된다

옛날 사람들은 우리 주변에 정말로 웃긴 것들이 있는지 궁금해했어요. 그들은 "웃음이란 무엇일까?" 하고 진지하게 고민했죠. 심지어 어떤 사람들은 웃음이 '죄의 소박함'이라고 생각하기도 했어요. 그러니까, 웃음이 나쁜 것이라고 본 거예요.

하지만 지금의 우리는 생각이 달라요. 우리는 "웃음이란 무엇인가?"라고 물으면서 웃음이 어떻게 생기는지 궁금해해요. 우리는 깨달았어요. 정말로 좋은 것, 아름다운 것, 숭고한 것, 나쁜 것이라는 것들이 우리 바깥에 있는 것이 아니라 이 모든 것은 우리 마음속에서 우리가 느끼고 생각하는 방식이라는 걸 말이에요.

예를 들어 우리는 꽃을 보고 아름답다고 말해요. 하지만 사실은 그 꽃 자체가 아름다운 것이 아니라 우리가 그 꽃을 보고 느끼는 감정이 아름다운 거예요. 마찬가지로, 우리가 웃음을 느끼는 것도 우리 마음속에서 일어나는 일이에요.

이렇게 우리는 '술어'라는 것을 다시 이해하게 됐어요. '술어'란 우리가 어떤 것을 설명할 때 쓰는 말이에요. 예를 들어 '꽃이 아름답다'에서 '아름답다'가 술어예요. 우리는 이 술어를 사물에 '빌려주는' 거예요. 즉, 우리가 느끼고 생각하는 것을 사물에 붙여 말하는 거죠.

이런 통찰을 얻음으로써 우리는 두 가지 중요한 것을 배워야 해요. 첫째, 우리가 느끼고 생각하는 것을 사물에 붙여 말할 때 이 능력을 잃지 않도록 조심해야 해요. 둘째, 이런 능력을 탐욕스럽게 사용하지 않도록 주의해야 해요. 즉, 우리가 세상을 바라보는 방식을 더 부유하게 하면서도 그것을 욕심내서는 안 된다는 거예요.

그래서 우리는 세상을 바라볼 때 마음을 열고 감정과 생각을 풍부하게 하되 그것에 너무 집착하거나 탐욕스럽게 되지 않도록 조심해야 해요.

09

Friedrich Nietzsche

오늘 하루를 잘 지내야 한다

우리가 영원히 살고 싶어 하는 것 그리고 우리의 아름다운 생각이나 느낌이 영원히 계속되길 바라는 것은 조금 과한 욕심일 수 있어요. 이 세상에는 우리를 포함한 모든 것이 서로를 견디며 살아가고 있어요. 우리가 영원히 살기를 바란다면 다른 모든 것들도 우리를 영원히 견뎌야 한다는 걸 뜻해요. 그것들이 우리 때문에 힘들어할 수도 있고 우리에게 영원한 기쁨을 줄 수 있다고 생각하는 것은 조금은 뻔뻔한 생각일 수 있어요.

만약 이 세상에 기분 나쁜 사람이라도 한 명 있다면 그 사람 때문에 다른 모든 것이 슬프고 힘들어질 수 있어요. 그래서 우리가 작은 일부분일 뿐인데 이 세상의 모든 것이 우리를 영원히 무거운 짐으로 여기길 바라는 것은 너무 큰 요구 같아요.

마지막으로, 우리는 대략 80년을 살면서 우리의 삶을 친절하게 대해야 해요. 사람들은 종종 '영원한 권태'에 대해 생각하곤 해요. 즉, 영원히 살면 지루하고 힘들 수도 있어요. 하지만 우리에게는 상상할 시간도, 새로운 것을 배울 시간도 충분하지 않아요. 그래서 우리가 가진 시간 동안 우리의 상상력을 키우고 삶을 아름답게 만드는 데 집중하는 것이 중요해요.

이해하기 쉽게 말하자면, 우리는 우리 삶을 소중히 여기고 다른 모든 것과 잘 지내며 살아가야 해요. 영원히 살기를 바라는 것보다 지금 우리가 가진 시간을 의미 있고 행복하게 보내는 것이 더 중요해요.

자신감은 굳이 드러내지 않아도 드러난다

항상 큰 소리로 말하고 자기 말만 옳다고 주장하는 친구가 있다면, 그 친구는 자기가 더 중요하고 똑똑한 사람으로 보이고 싶어서 그러는 거예요. 하지만 정말로 똑똑하고 자신감이 있는 친구는 큰 소리로 자랑하지 않아도 돼요. 그 친구는 자기 생각을 침착하게 말하고 다른 친구들의 의견도 잘 들어줘요. 이런 친구가 진짜로 존중받고 친구들 사이에서 진정한 리더가 돼요.

우리가 정말로 멋지고 존중받는 사람이 되고 싶다면 우리는 솔직하고 자신감 있는 모습을 보여야 해요. 그리고 다른 사람들을 존중하는 마음도 중요해요. 그렇게 함으로써 우리는 진정으로 가치 있는 사람이 될 수 있어요.

스스로 희생의 올가미에 걸리지 말자

아주 오래전부터 사람들은 자신이 얼마나 많이 희생하는지를 가지고 스스로를 평가해 왔어요. 이런 생각을 가진 사람들은 자신이 겪는 어려움이나 고통을 이겨내는 것만이 중요하다고 믿어요. 그들은 마치 옛날이야기 속의 신들처럼 큰 희생을 칭찬하고 그것을 통해서만 진정한 승리를 얻을 수 있다고 생각해요.

하지만 이런 생각은 사실 우리 마음속에서 일어나는 큰 싸움과 같아요. 우리는 스스로를 더 좋은 사람으로 만들기 위해 많은 어려움을 겪어야 하고 때로는 자신을 희생해야 한다고 느껴요. 그런데 이렇게 어려움을 이겨내야 한다는 생각이 너무 강하면 그것은 마치 우리 안의 어떤 부분을 깨뜨려야만 성공할 수 있다는 것처럼 느껴질 수 있어요.

진짜 좋은 도덕이란 우리가 어려움을 겪거나 희생하는 것을 넘어서 우리가 왜 그런 선택을 하는지 이해하고 우리 자신과 다른 사람들에게 친절하게 대하는 것을 배우는 것이에요. 우리가 정말로 중요하게 생각하는 것들, 예를 들어 가족이나 친구들을 위해 무언가를 하는 것은 희생이라기보다는 사랑에서 비롯된 행동이라고 할 수 있어요.

따라서 우리가 어떤 선택을 할 때 그것이 우리나 다른 사람들을 더 행복하게 만들지 아니면 단지 어려움을 이기려는 것만으로 끝나지는 않는지 생각해 볼 필요가 있어요. 진짜 중요한 것은 우리 마음속의 평화를 찾고 자신과 다른 사람들에게 더 좋은 영향을 주는 것이에요.

자신도 모르는 다양한 마음이 숨어 있다

책 한 페이지에 아주 멋진 칭찬이 가득 적혀 있어요. 처음에는 그 칭찬들이 너무 과장되어 보여서 좀 천박한 것 같다고 생각할 수도 있어요. 하지만 그 칭찬 속에는 사실 조금 화가 난 마음, 즉 복수심이 숨어 있다는 걸 알게 된다면 그 칭찬이 얼마나 교묘하게 쓰였는지 깨달을 거예요.

그러고 나서 그 글이 얼마나 간결하고 대담하게 그리고 창의적인 비유로 가득 차 있는지를 즐기기 시작할 거예요. 그런데 여기서 재미있는 건 그런 멋진 글을 쓴 사람이 사실 자기 자신은 그런 복수심을 가지고 글을 썼다는 걸 거의 모른다는 거예요. 그 사람은 자신이 쓴 글이 얼마나 독특하고 특별한지 잘 모르고 있어요.

더 이해하기 쉽게 말하자면 친구가 나에게 아주 예쁜 그림을 그려줬다고 상상해 봐요. 처음에는 그냥 예쁜 그림인 줄 알았는데 그림을 자세히 보니 친구가 당신에게 조금 서운했던 마음을 그림으로 표현한 거예요. 당신은 그림을 보면서 친구의 마음도 알게 되고 그림이 얼마나 멋진지도 알게 돼요. 그런데 정작 그 친구는 자기의 그림이 그런 마음을 표현한다는 걸 잘 몰라요. 그냥 예쁜 그림을 그렸다고 생각하고 있어요.

이렇게 어떤 행동이나 글, 그림 뒤에는 다양한 마음이 숨어 있을 수 있어요.

세상은 우리가 생각하는 것보다 훨씬 복잡하다.
우리가 모든 것을 알 수 있다고 생각하는 순간,
우리는 아무것도 모르는 것이다.

뭔가를 지켜내야 하는 사람은 강하다

한 사람이 정말 어려운 상황에 처했어요. 그 사람은 무서운 곳에서 다른 사람들에게 아주 힘든 일을 당했어요. 그런데도 그 사람은 중요한 비밀을 꼭꼭 숨겨야 했어요. 그래서 아무리 힘들고 아파도 비밀을 절대로 다른 사람에게 말하지 않았어요. 그러고 나서 그 사람은 혼자 있는 방으로 돌아가야 했어요.

이렇게 아픔을 겪고도 중요한 것을 지키는 사람은 정말 용감해요. 그 사람은 자기 자신과 자신이 소중하게 여기는 것을 지키기 위해 아주 강해져요. 이런 행동은 우리가 '인간의 긍지'라고 부를 수 있는 것에서 나와요. 긍지란 자신을 소중히 여기고 올바른 일을 하기 위해 힘쓰는 마음을 말해요.

이 사람은 비록 혼자일지라도 자신이 옳다고 믿는 일을 위해 견딜 수 있는 힘을 가지고 있어요. 그리고 그런 용기와 힘은 우리 모두에게 정말 중요한 영감을 줄 수 있어요.

우리는 때로는 어려운 일이나 시험 앞에서 두려움을 느낄 수 있어요. 하지만 우리 안에 있는 긍지와 용기를 생각하면 어떤 어려움도 이겨낼 수 있다는 걸 알 수 있어요. 바로 이런 용기와 긍지가 우리를 진정으로 강하게 만들어 준답니다.

14

Friedrich Nietzsche

강인함과 우아함은 가까이 있다

우리 주변에는 다양한 성격을 가진 사람들이 있어요. 어떤 사람들은 정말 강하고 어떤 사람들은 조금 더 조심스럽거나 조용한 편이에요.

강한 성격의 사람이라고 하면 우리는 종종 그 사람이 매우 확고하고 무엇이든 할 수 있는 사람으로 생각해요. 그런데 만약 이 강한 사람이 다른 사람들을 해치지 않는다면 그 사람은 자연스럽게 우아함을 추구하게 돼요. 여기서 우아함이란, 단순히 겉모습이 아름다운 것만을 의미하지 않아요. 마음씨가 고운 것, 다른 사람을 배려하는 태도, 세상을 긍정적으로 바라보려는 마음 등이 모두 포함돼요. 이런 사람은 자기도 모르게 주변 사람들에게 긍정적인 영향을 미치고 사람들이 그를 존경하게 만들어요.

반면에 조금 더 약한 성격을 가진 사람들은 자신감을 얻기 위해 다른 방법을 찾기도 해요. 이런 사람들은 때로는 날카로운 비판을 하거나 다른 사람들을 싫어하는 사람들과 어울리기도 해요. 그들은 어떤 엄격한 규칙이나 불편한 일에 몰두함으로써 자신의 성격을 강하게 만들려고 해요. 이렇게 하면서 그들은 어떻게든 자신의 성격을 발전시키려고 노력하는데 사실 이런 행동들이 그들에게 진정한 힘을 주는 것은 아니에요.

이야기의 핵심은, 진짜 강함은 다른 사람을 해치거나 나쁜 행동을 하는 것에서 오는 것이 아니라는 거예요. 진짜 강함은 자신을 이해하고 다른 사람들을 존중하며 세상에 긍정적인 영향을 미치려고 노력하는 데서 오는 거랍니다. 강함과 우아함은 서로 멀리 있는 것이 아니라 사실은 아주 가까운 곳에 있어요. 우리 모두가 조금씩 더 배려하고 이해하려는 마음을 가질 때 우리는 모두 강해질 수 있어요.

15

Friedrich Nietzsche

현실과 상상의 중간쯤이 좋다

우리가 현실적인 것에 기뻐하는 이유를 이야기해 볼까요? 오랫동안 사람들은 현실과는 멀리 떨어진, 상상 속의 이야기나 믿기 어려운 것들에 관심을 가졌어요. 이런 상상 속의 세계는 때로는 정말 재미있고 우리에게 새로운 영감을 주기도 해요. 하지만 너무 오랫동안 상상만 하고 살다 보면 진짜 현실 세계가 주는 작은 기쁨들을 잊어버릴 수 있어요.

그래서 요즘 사람들은 현실적인 것들, 즉 우리 주변에서 실제로 일어나는 일들과 그 일들이 주는 작은 행복에 더 많은 관심을 갖기 시작했어요. 예를 들어 가족과 함께하는 시간, 친구와의 대화, 자연에서 느끼는 평온함 같은 것들이죠.

하지만 이런 경향도 조심해야 해요. 왜냐하면 사람들이 너무 현실적인 것만 찾다 보면 상상력이나 창의력을 잃어버릴 수도 있기 때문이에요. 그리고 모든 사람이 똑같은 것만 좋아하게 되면 다양성이 사라지고 모두가 똑같은 취미를 가지게 될 수도 있어요. 이것은 '무취미'라고 할 수 있는데 이것은 사람들이 아무런 특별한 관심이나 취미가 없는 상태를 의미해요.

무취미 상태는 위험하지 않아 보일 수 있지만 사실은 사람들이 자신만의 관심사나 취미를 갖지 않게 되면 생활이 더 지루해지고, 새로운 것을 배우거나 시도해 보는 재미를 놓칠 수 있어요.

그래서 현실 세계에서의 작은 기쁨을 찾으면서도 가끔은 상상 속의 세계로 여행을 떠나거나 새로운 취미를 찾아보는 것도 좋아요. 이렇게 현실과 상상을 적절히 섞어서 살아가면 우리의 삶은 더 풍부하고 즐거워질 거예요.

모든 침묵하는 진실은 독이다.

Part 7

Friedrich Nietzsche

길 위에서 다시 만나는 깨달음

사람의 마음에 사랑이 흐를 때, 나쁜 일을 하지 않으며, 복종이나 덕이 따를 수 없는 그 이상의 것을 해낸다.

- 프리드리히 니체

삶이 있는 곳에 의지가 있다.
그러나 그 의지는 삶에의 의지가 아니라
생존하려는 의지이다.

- 프리드리히 니체

01

Friedrich Nietzsche

소리는 부족함을 채우는 예술이다

옛날 사람들은 어둠을 정말 무서워했어요. 어둠이 가득한 시대는 인류 역사에서 아주 긴 시간을 차지했답니다. 밤이 되면 밖이 정말 어두웠고 그래서 사람들은 어둠 속에서 무엇이 자신을 기다리고 있는지 모르기 때문에 더 무서워했어요.

이런 어둠 속에서 사람들은 눈으로 잘 볼 수 없었기 때문에 귀로 더 잘 듣게 되었어요. 밤이나 어두운 숲, 동굴 같은 곳에서 사람들은 소리에 더 주의를 기울였어요. 그래서 사람들의 귀는 점점 더 발달하게 되었죠.

밝은 낮에는 주변을 잘 볼 수 있으니까 귀로 듣는 것이 그렇게 중요하지 않았어요. 하지만 어두울 때는 소리가 우리에게 많은 것을 알려주었어요.

그래서 음악 같은 소리의 예술이 생겨났어요. 밤이나 석양처럼 어두운 시간에 사람들은 소리를 통해 아름다움을 느끼고 서로 소통할 수 있었어요. 이렇게 해서 음악이 태어나게 된 거예요. 음악은 사람들이 어둠 속에서도 서로를 이해하고 아름다움을 공유할 수 있는 방법이 되었답니다.

가는 길을 멈추고 아래를 봐야 한다

우리 주변에는 많은 것들이 있어요. 아름다운 꽃, 높은 산, 파란 하늘 같은 것들이죠. 하지만 가끔 우리는 이 모든 것을 제대로 볼 수 없어요. 왜냐하면 우리가 정말로 보려고 하지 않기 때문이에요. 그래서 때때로 우리는 우리 눈앞에 있는 아름다운 것들을 놓치곤 해요.

상상해 봐요. 우리가 정말로 주변을 잘 보려고 한다면 새롭게 느낄 수 있는 것이 얼마나 많을까요? 가령 우리가 걷는 길 옆에 있는 작은 꽃 한 송이에도 이야기가 있을 거예요. 그 꽃은 어떻게 여기에서 자라게 되었을까요? 어떤 종류의 벌이나 나비가 이 꽃을 찾아올까요? 이런 질문을 하면서 우리는 더 많은 것을 보기 시작할 거예요.

하지만 이렇게 새로운 것을 발견하고, 주변 세상을 잘 보려고 노력하는 것이 가끔은 지루하고 힘들 수 있어요. 우리는 항상 바쁘고, 뭔가를 빨리 해치우려고 하니까요. 그래서 우리는 종종 아름다운 것들을 그저 지나치기만 해요.

주변을 잘 보려고 노력하는 것은 정말 중요해요. 왜냐하면 우리가 진정으로 보고, 이해할 때만 우리는 세상을 더 잘 알 수 있고 더 많은 것을 느낄 수 있기 때문이에요. 그래서 우리 모두가 좀 더 주변을 잘 보려고 노력한다면 우리는 더 많은 아름다움과 이야기를 발견할 수 있을 거예요. 그리고 그것은 우리의 삶을 더 풍부하게 만들어 줄 거예요.

음악이 없는 삶은
잘못된 삶이며, 피곤한 삶이며,
유배당한 삶이다.

현실 감각이 없는 상상력은 무용지물이다

상상력은 참 멋진 것이지만 시인 같은 사람들에게는 때로 큰 문제가 될 수도 있어요. 이런 사람들은 상상을 너무 많이 해서 실제로 일어나기도 전에 모든 것을 상상으로 다 해버리곤 해요.

예를 들어 멋진 여행을 가게 될 거라고 상상하며 여행에서 일어날 모든 재미있는 일을 머릿속에서 미리 그려보죠. 그런데 정말로 여행을 가게 되면 이미 상상으로 그렇게 많이 즐겨서인지 별로 새롭거나 재미있게 느껴지지 않을 수도 있어요.

풍부한 상상력은 한편으로는 위험할 수도 있어요. 왜냐하면 이런 사람들은 실제로 일어나는 일들에 대해 더 이상 놀라움이나 즐거움을 느끼지 못할 수도 있기 때문이에요.

유명한 시인인 바이런 경도 이런 문제를 잘 알고 있었어요. 그래서 그는 자신의 일기에 이런 말을 남겼어요. "만약 내게 아들이 있다면, 그를 완전히 상상력이 아닌 현실적인 사람으로 키우겠다. 법률가나 의사처럼 말이야."

바이런 경이 이렇게 말한 이유는 그가 상상력이 너무 풍부한 사람으로서 겪어야 했던 어려움을 알고 있었기 때문이에요. 그래서 그는 자신의 아들이 현실적인 사고를 하는 사람이 되어 상상 때문에 현실에서 느끼는 즐거움을 잃지 않기를 바랐던 거예요.

상상력은 멋진 선물이지만 우리가 현실에서도 즐거움을 찾을 수 있도록 균형을 잡는 것이 중요해요.

04

Friedrich Nietzsche

과도한 친절에 속지 말아야 한다

개에게 아첨하는 것을 생각해 봐요. 당신이 한 번이라도 그 개의 털을 쓰다듬으면 그 개는 마치 사람들이 좋아할 때처럼 즐거워하며 반응해요. 그 개는 몸을 떨며 기쁨을 표현하고 마치 불꽃처럼 행복을 퍼뜨려요. 그리고 그 개는 자기만의 재미있는 방법으로 당신을 즐겁게 해줘요.

사실 이 이야기는 진짜 개 이야기가 아니에요. 여기서 '개에게 아첨한다'는 표현은 사람들 사이에서 누군가가 다른 사람에게 과하게 잘 보이려고 아첨하는 것을 비유적으로 나타내요. 이 이야기는 사람들이 아첨꾼처럼 행동할 때 그들도 마치 개처럼 반응해 기뻐하고 자신들만의 방식으로 재치 있게 행동한다는 것을 말해줘요.

하지만 정말 중요한 것은 우리가 아첨이나 과한 칭찬에 너무 쉽게 마음을 주어서는 안 된다는 거예요. 이런 행동은 진정한 친구나 사이 좋은 관계를 만드는 데 도움이 되지 않아요. 우리는 모두 진실한 마음과 행동으로 서로를 대해야 해요. 그래야만 진정한 우정과 사랑을 나눌 수 있어요.

때론 무거운 입이 필요하다

한 사람이 다른 사람에 대해 말하는 것에 관해 얘기해 볼게요. 이 사람은 자신이 한 일의 진실을 알고 있어요. 그리고 그 진실을 다른 사람도 알고 있지만 그 사람은 아무 말도 하지 않았어요.

왜냐하면 그 진실을 말하면 마치 복수하는 것처럼 들릴 수 있기 때문이에요. 그 사람은 진실을 매우 중요하게 생각해요. 그래서 이야기하는 사람은 그를 매우 존경하고 있어요.

쉽게 말해서 어떤 사람이 다른 사람의 비밀이나 잘못을 알고 있어도 그것을 말하지 않고 조용히 있는 거예요. 이것은 그 사람이 매우 착하고 다른 사람을 존중한다는 걸 보여줘요. 어떤 게 옳고 그른지는 모르겠지만.

사람은 잠자코 있어서는 안 될 경우에만 말해야 한다.
그리고 자기가 극복해 온 일들만을 말해야 한다.
다른 것은 모두 쓸데없는 것에 지나지 않는다.

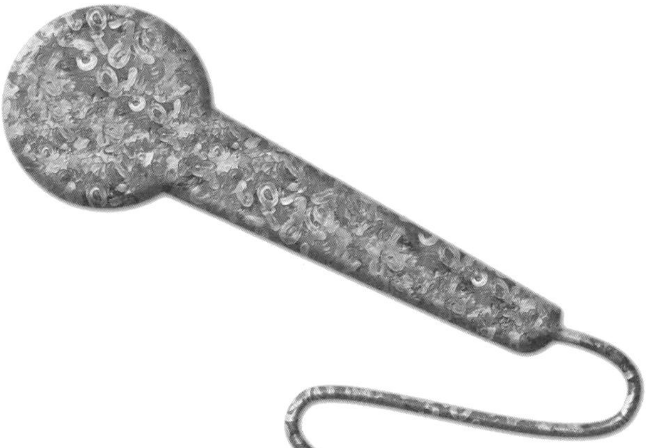

06

Friedrich Nietzsche

자연스러운 모습이 멋진 모습이다

특별한 동물에 대해 말해볼게요. 이 동물은 보통 두 발로 걷기를 좋아하는데 이렇게 걷는 모습이 마치 '신처럼' 멋있어 보인대요. 하지만 누군가는 이 동물이 네 발로 걷는 모습이 더 좋다고 해요. 왜냐하면, 네 발로 걷는 것이 이 동물에게 더 자연스러운 모습이기 때문이에요.

간단히 말해서 어떤 동물이 두 발로 걷는 것도 할 수 있지만 원래는 네 발로 걷는 것이 더 자연스럽고 좋은 거예요. 이 이야기는 우리에게 가장 자연스러운 모습이 가장 아름답다는 걸 알려줘요.

이기적인 사람을 돕는 건 어려운 일이다

봉사하는 일 중에서도 정말 어려운 일이 하나 있어요. 바로 자기만 생각하는 야심 많은 사람을 돕는 거예요. 이런 사람은 모든 것을 자기 위주로 생각하지만 다른 사람들이 자기를 그렇게 보는 건 싫어해요(이것도 그의 큰 바람 중 하나예요). 이 사람은 모든 일이 자기 마음대로 되길 원하고 자기가 마치 다른 사람들을 위해 희생하는 것처럼 보이고 싶어 해요.

간단히 말해서 어떤 사람들은 자기만 생각하면서도 다른 사람들이 자기를 좋게 보기를 바라요. 그리고 모든 일이 자기 뜻대로 되길 원하면서 남을 위해 힘쓰는 것처럼 보이고 싶어 해요. 이런 사람을 돕는 일은 정말 어려운 일이에요.

인재를 구할 때는 아주 신중해야 한다

집단 간 경쟁에서 자신들이 물리적, 경제적 혹은 다른 형태로 약하다고 느낀 집단은 종종 지적 자원을 확보하는 데 집중하기도 해요. 이는 똑똑한 사람들을 적극적으로 모으고 키워내려는 전략을 통해 자신들의 약점을 메우려는 시도로 볼 수 있죠. 이런 방식은 수적으로는 적지만 질적으로 우수한 집단을 만들어 전체적인 경쟁력을 높이려는 목적을 가지고 있어요.

하지만 이런 전략이 학계에 적용될 때는 몇 가지 문제점을 야기할 수 있어요. 첫째, 집단 내에서 지나치게 경쟁적인 분위기가 조성되어 연구의 본래 목적보다 성과 지향적인 태도가 강해질 수 있어요. 둘째, 특정 분야나 사람들에 대한 지나친 선호 혹은 배제가 나타날 수 있으며, 이는 다양성의 감소와 창의적인 연구 환경의 약화로 이어질 수 있어요. 셋째, 인재를 유치하고 키우기 위한 과도한 자원 투입은 다른 중요한 연구 활동이나 기반 시설 유지 및 발전에 대한 투자를 저해할 수 있어요.

이렇게 인재의 집중적인 유치와 활용은 집단의 경쟁력을 높일 수 있는 전략이긴 하지만 그 과정에서 학문적 생태계의 균형을 해치지 않도록 주의 깊은 접근이 필요해요.

인간이 자신의 모든 약점과
실패를 받아들이고, 그것들로부터
배울 때, 그는 진정으로 강해진다.

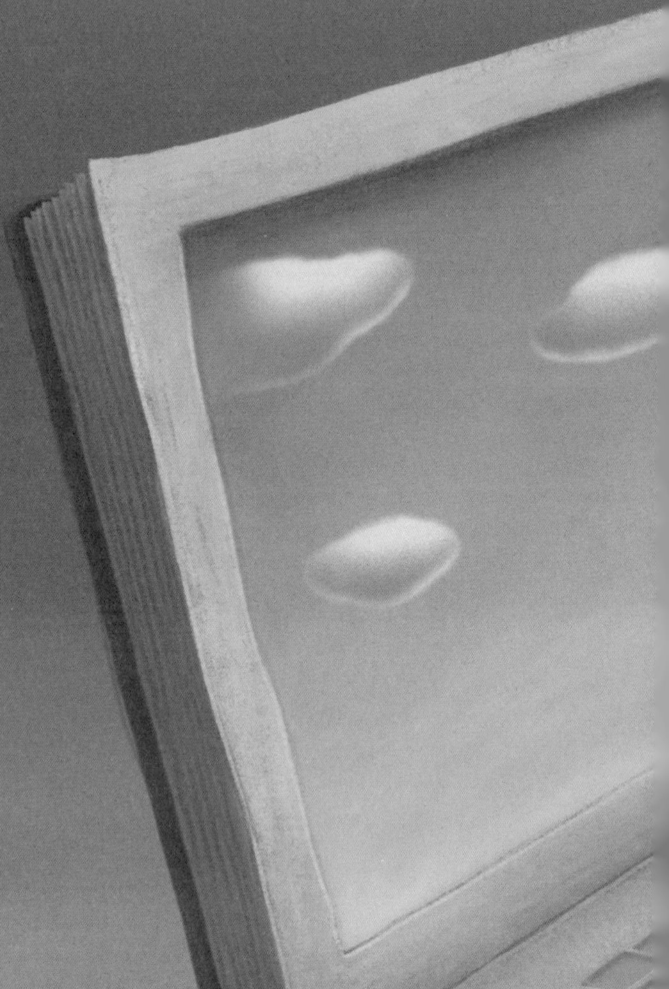

도움을 주려면 마음까지 전달해야 한다

자선가는 좋은 일을 하여 자신의 마음을 기쁘게 하려고 합니다. 그는 도움이 필요한 사람들에게 돈이나 물건을 주어서 자신이 행복해지길 바라죠. 하지만 가끔 그의 마음이 너무 그런 기쁨만 찾게 되면 다른 사람들의 마음이나 상황을 잘 생각하지 못할 때가 있어요.

다시 말해서 자선가가 너무 자기가 기분 좋아지는 것만 생각하다 보면 도움을 받는 사람이 정말 무엇을 필요로 하는지, 그 사람의 마음은 어떤지 잘 살피지 않게 될 수 있어요. 그러면 자기는 좋은 일을 한다고 생각할 수 있지만 실제로는 다른 사람의 마음을 상하게 할 수도 있어요.

그래서 진정으로 좋은 일을 하려면 도움을 받고자 하는 사람의 마음과 필요를 잘 이해하려고 노력해야 해요. 그래야 우리가 주는 도움이 진짜 도움이 될 수 있답니다.

약속을 할 때 깊은 진심을 보여야 한다

약속을 할 때 중요한 것은 우리가 하는 말뿐만 아니라 말로는 표현되지 않는 우리의 진심이에요. 말이 많을수록 그 말에 담긴 힘이 조금씩 줄어들어 약속의 힘이 약해져요. 그래서 진짜 약속은 말이 아니라 우리 마음속 깊은 곳에서 나오는 진심이라는 걸 알아야 해요.

이렇게 생각해 보세요. 손을 뻗어서 손가락을 입에 대는 행동을 해보세요. 이 행동은 '조용히 하겠다'는 의미를 담고 있어요. 즉, 말보다는 우리의 행동이나 마음가짐이 약속을 더 확실하게 보여준다는 뜻이에요.

예를 들어 친구와 "내일 공원에서 만나자"라고 약속했다고 해보세요. 이때 정말 친구와 만나고 싶은 마음이 크다면 그 약속을 지키기 위해 미리 준비를 하고 약속 시간에 늦지 않도록 노력할 거예요.

이처럼 약속을 지키려는 우리의 행동과 마음가짐이 진짜 중요한 약속을 만들어 내는 거예요.

그러니까 약속을 할 때는 그냥 말로만 하는 게 아니라 그 약속을 진심으로 지키려는 마음을 가지는 것이 중요해요.

어제의 경험이 오늘의 나를 만든다

우리가 어떤 선택을 할 때 그냥 갑자기 그런 결정을 내리는 것 같지만 사실은 우리가 전에 겪었던 일들이나 배웠던 것들 때문에 그런 결정을 내리게 돼요.

예를 들어 아침에 무엇을 먹을지 결정할 때도 우리가 좋아하는 음식이나 몸에 좋다고 배운 음식을 고르게 되죠. 그리고 우리가 친구를 만나거나 공부를 하거나 놀 때도 우리 주변의 사람들이나 환경이 우리 생각과 행동에 영향을 줘요. 우리가 스스로 모든 것을 결정한다고 생각할 수 있지만 사실은 우리 주변의 세상과 과거의 경험이 우리에게 많은 영향을 준다는 거예요.

인생에서 가장 중요한 것은 개인적인 경험이다.
이것이 우리가 세상을 이해하고,
우리 자신을 이해하는 유일한 방법이다.

기존의 도덕과 법칙이 항상 옳은 건 아니다

사람들은 함께 사는 곳에서 어떻게 행동해야 하는지, 즉 도덕에 대해 계속해서 이야기하고 생각해요. 대부분의 사람은 어떤 일이 왜 일어나는지, 만약 누군가 잘못을 하면 어떤 벌을 받게 되는지 등에 대한 예시를 들어가며 그런 일들이 정말로 있을 수 있다고 믿게 만들어요.

그런데 몇몇 사람들은 일어난 일들을 다시 한번 살펴보고 그것들로부터 새로운 규칙이나 법칙 같은 걸 찾아내려고 해요. 그리고 아주 소수의 사람들은 다른 사람들이 믿는 것에 동의하지 않으면서 그 믿음이 조금씩 약해지게 만들어요.

하지만 이 모든 활동이 그렇게 학문적으로 엄격하게 이루어지는 것은 아니에요. 마치 예전부터 전해 내려오는 민간요법처럼 도덕에 대한 이야기나 규칙도 그렇게 과학적이거나 정확한 것이 아니랍니다. 민간요법이 그저 특정한 재료만 있으면 병이 낫는다고 하는 것처럼 도덕에 대해서도 비슷한 방식으로 이야기하고 규칙을 만들어요.

민간요법이나 도덕은 사실 그렇게 신뢰할 수 있는 것은 아니에요. 왜냐하면 그것들이 항상 진실을 반영하는 것은 아니기 때문이에요. 그래서 이런 방식으로 만들어진 도덕이나 민간요법은 조심해야 해요. 왜냐하면 그것들이 때때로 우리를 잘못된 길로 인도할 수도 있기 때문이에요.

13

Friedrich Nietzsche

실수를 통해 배우고 성장한다

친절하고 마음이 따뜻한 친구들이여, 전 세계에서 '벌'이라는 생각을 없앨 수 있게 도와주세요! '벌'은 정말 좋지 않은 생각이에요. 마치 잘 자라지 않는 풀처럼요. 우리가 어떤 행동을 했을 때 나타나는 결과만이 아니라 때로는 우리가 한 일과 그 결과를 마치 잘못했다고 해서 받는 벌처럼 생각하기도 해요. 이것은 정말 무서운 생각이고, 말도 안 되는 생각이에요.

더 나아가서 벌이라는 생각을 너무나도 나쁘게 해석해서 우연히 일어난 일까지도 마치 벌을 받아야 할 일처럼 여기기도 해요. 그리고 이것은 더 나아가 우리가 살아가는 것 자체를 벌받는 것처럼 느끼도록 만들었어요. 마치 감옥을 지키는 사람이나 벌을 주는 사람의 생각이 우리가 배우는 것을 정해왔던 것처럼 말이에요.

여러분, 우리 모두 '벌'이라는 생각을 없애려고 해봐요. 우리가 무언가를 잘못했을 때 그것을 통해 배우고 나아지는 것이 중요해요. 하지만 그것을 마치 우리가 나쁜 벌을 받아야 할 것처럼 생각하지는 말아야 해요. 우리는 모두 실수를 하고 그 실수로부터 배우며 성장하는 거예요. 벌이라는 생각보다는 배움과 성장에 더 집중해 보는 게 어떨까요? 그러면 우리 모두가 더 행복하고 긍정적인 방향으로 나아갈 수 있어요.

14

Friedrich Nietzsche

나 자신에게 더 친절해야 한다

우리가 화가 나서 누군가를 나쁘게 생각하거나 말할 때 그것은 사실 우리 자신에게도 안 좋은 영향을 준답니다. 우리가 누군가에게 화를 내거나 복수하려고 할 때 그것은 우리의 마음을 흐리게 하고 우리가 세상을 제대로 보지 못하게 해요.

마치 안경이 더러워져서 세상을 잘 볼 수 없는 것처럼 화나 복수심은 우리의 '마음의 안경'을 더럽히는 거예요. 그래서 우리는 세상을 잘못 보게 되고 더 많은 실수를 할 수 있어요.

그래서 우리가 할 수 있는 가장 좋은 일은 우리 스스로를 잘 돌보고 화나 불만이 생겼을 때 그것을 잘 다루는 방법을 배우는 거예요. 그리고 다른 사람에게 너그럽게 대하는 것처럼 우리 자신에게도 너그러워져야 해요.

운명아! 비켜라. 용기 있게 내가 간다.

지적인
10대를 위한
니체

초판 1쇄 인쇄 2024년 6월 20일
초판 1쇄 발행 2024년 6월 27일

엮은이 | 김현태
펴낸이 | 김의수
펴낸곳 | 레몬북스(제396-2011-000158호)
주 소 | 경기도 고양시 덕양구 삼원로73 한일윈스타 1406호
전 화 | 070-8886-8767
팩 스 | (031) 990-6890
이메일 | kus7777@hanmail.net

ISBN 979-11-91107-50-0 (43100)